불교의식편찬위원회

아침·저녁
예 불 문

불교의식편찬위원회

마음에 등불을 밝히자

　이제 우리는 깊고 넓은 믿음으로 출발하였습니다. 부처님을 찾아가는 보살의 항해를 시작하였습니다. 믿음은 마치 훌륭한 엔진과 같아서 우리들의 배를 앞으로 밀고 나가야 합니다. 그러나 뱃길이 그리 평탄치 못하고 폭풍이 몰려 옵니다. 구름이 하늘을 덮고 캄캄한 어둠이 시야를 잃게 합니다. 여기 저기 암초가 있어 어느 순간에 난파 당할지 모릅니다. 지금 우리는 등불이 필요합니다. 항로를 비쳐 줄 밝은 등불 없이는 더 나아갈 수 없습니다.

　그렇습니다. 인생의 뱃길에서 지금 우리가 원하는 것은 지혜의 등불입니다. 아침·저녁 예불을 통하여 지혜의 등불을 밝히십시오.

일러두기

1. 이 책은 아침·저녁 예불문만을 수행본위로 조직한 것이다.
2. 네모(□) 속에 든 것과 작은 글씨는 읽지 않는다.
3. 자기 시간을 따라 늘리고 줄이는 것은 자유자재로 응용하시기 바란다.

차 례

제1편 아침예불문(朝禮佛文)

1. 도량석(道場釋) ··· 7
2. 종성(鍾聲) ··· 14
3. 사물(四物) ··· 27
   (1) 범종(梵鐘) ··· 27
   (2) 운판(雲版) ··· 27
   (3) 목어(木魚) ··· 28
   (4) 법고(法鼓) ··· 28
4. 예불종 ··· 29
5. 예불문(禮佛文) ··· 29
   (1) 다례(茶禮) ··· 29
   (2) 발원문(發願文) ··· 32
   (3) 신중단(神衆壇) ··· 34
      ① 다례(茶禮) ·· 34
      ② 반야심경(般若心經) ·· 35
   (4) 영단법어(靈壇法語) – 법성게(法性偈) ······················ 37
   (5) 상견례(相見禮) ··· 40
   (6) 입정(入定) ··· 40
6. 아침송주(朝誦呪) ··· 40
   (1) 4대주(四大呪) ··· 40
   (2) 장엄염불(莊嚴念佛) ··· 47
   (3) 정토업(淨土業) ··· 67
7. 정근(精勤) – 관음정근(觀音精勤) ··································· 72
8. 백팔참회(百八懺悔) ·· 74
9. 이산조사 발원문(怡山祖師發願文) ································· 91

제2편 저녁 예불문(夕禮佛文)

1. 종성(鍾聲) ··· 93
2. 4물(四物) ··· 94
3. 오분향례(五分香禮) ··· 94
4. 이산조사 발원문(怡山祖師發願文) ····································· 97
5. 신중단(神衆壇) ··· 99
6. 반야심경(般若心經) ··· 100
7. 영단법어(靈壇法語)－법성게(法性偈) ···································· 102
8. 상견례(相見禮) ··· 104
9. 입정(入定) ·· 104
10. 저녁송주 ··· 105
    (1) 천수경(千手經) ··· 105
    (2) 장엄염불(莊嚴念佛) ··· 119
    (3) 정토업(淨土業) ··· 139
    (4) 정근(精勤)－지장정근(地藏精勤) ······························ 143
    (5) 백팔참회(百八懺悔) ··· 145
    (6) 참회발원문(懺悔發願文) ·· 145

제3편 각단예불문(各壇禮佛文)

1. 극락전(極樂殿) ·· 147
2. 팔상전(八相殿) ·· 148
3. 약사전(藥師殿) ·· 149
4. 용화전(龍華殿) ·· 150
5. 대장전(大藏殿) ·· 151
6. 관음전(觀音殿) ·· 152
7. 나한전(羅漢殿) ·· 153
8. 명부전(冥府殿) ·· 154

(1) 지장단(地藏壇) ·· 154
   (2) 시왕단(十王壇) ·· 155
9. 산왕단(山王壇) ·· 156
10. 조왕단(竈王壇) ·· 157
11. 칠성단(七星壇) ·· 158
12. 독성단(獨聖壇) ·· 159
13. 현왕단(現王壇) ·· 160

제1편 아침 예불문(朝禮佛文)

1. 도량석(道場釋)

　아침예불은 도량석, 종성, 4물, 예불종, 예불문, 송주, 정근, 참회, 발원문 순서로 진행된다.

　도량석은 기침(起寢)을 알리는 제1성이다. 부전스님이나 법당일을 담당하신 분이 먼저 일어나 불전에 향과 등불을 켜고 3배 한 뒤에 목탁을 들고 법당 앞으로 나와서 얕은 소리로부터 높은 소리로 목탁을 세 번 거듭 친 뒤에 《천수경》이나 〈4대주〉를 외우는 방법으로 '정구업진언'으로부터 천천히 목탁을 치면서 도량을 순회 한다. 그렇게 하면 함께 공부하는 스님들이 그 소리를 듣고 일어나 예불준비를 하게 된다. 한편 이 목탁소리를 들은 짐승들도 모두 깨어나 예불심(禮佛心)을 일으키게 되고, 길가에 엎드려 자던 벌레나 뱀, 개구리 같은 것들도 안심할 수 있는 장소로 들어가 서로 피해를 보지 않게 된다. 인도에서 처음 도량석을 할 때에는 석장(錫杖)을 들고 순회하였으나 나중에는 방울이나 요령을 사용하다가 목탁이 나오면서부터 목탁을 치면서 도량석을 하였기 때문에 도량석을 '목탁석'이라고 부르게 된 것이다.

　도량석을 할 때 외우는 글은 경·율·논 3장 가운데 다 좋으나 주로 천수·심경·4대주·약찬게·다라니 등을 생각따라 외운다. 혹 '관세음보살' '나무아미타불' 같은 부처님 명호를 외우면서 다녀도 상관없다. 여기서는 한국사람들이 가장 많이 읽고 있는 약찬게 한 가지만을 들어 그 본을 보인다.

정구업진언
淨口業眞言

수리수리 마하수리 수수리 사바하 (3번)
修里修里 摩訶修里 修修里 娑婆訶

오방내외안위제신진언
五方內外安慰諸神眞言

나무 사만다 못다남 옴 도로도로 지미 사바하 (3번)
南無 三滿多 沒馱喃 唵 度嚕度嚕 地尾 娑婆訶

개경게
開經偈

무상심심미묘법 無上甚深微妙法	가장높고 미묘하고 깊고깊은 부처님법
백천만겁난조우 百千萬劫難遭遇	백천만겁 지나도록 만나뵙기 어려운법
아금문견득수지 我今聞見得受持	내가이제 보고듣고 얻어받아 지니오니
원해여래진실의 願解如來眞實意	부처님의 진실한뜻 알게하여 주옵소서

개 법장진언
開 法藏眞言

옴 아라남 아라다 (3번)
唵 阿羅南 阿羅馱

화엄경약찬게
華嚴經略纂偈

| 대방광불화엄경 | 용수보살약찬게 |
| 大方廣佛華嚴經 | 龍樹菩薩略纂偈 |

나무화장세계해 비로자나진법신
南無華藏世界海 毘盧遮那眞法身

현재설법노사나 석가모니제여래
現在說法盧舍那 釋迦牟尼諸如來

과거현재미래세 시방일체제대성
過去現在未來世 十方一切諸大聖

근본화엄전법륜 해인삼매세력고
根本華嚴轉法輪 海印三昧勢力故

보현보살제대중 집금강신신중신
普賢菩薩諸大衆 執金剛神身衆神

족행신중도량신 주성신중주지신
足行神衆道場神 主城神衆主地神

주산신중주림신 주약신중주가신
主山神衆主林神 主藥神衆主稼神

주하신중주해신 주수신중주화신
主河神衆主海神 主水神衆主火神

주풍신중주공신 주방신중주야신
主風神衆主空神 主方神衆主夜神

주주신중아수라 가루라왕긴나라
主晝神衆阿修羅 迦樓羅王緊那羅

마후라가야차왕 제대용왕구반다
摩睺羅伽夜叉王 諸大龍王鳩槃茶

건달바왕월천자 일천자중도리천
乾闥婆王月天子 日天子衆忉利天

야마천왕도솔천　　화락천왕타화천
夜摩天王兜率天　　化樂天王他化天

대범천왕광음천　　변정천왕광과천
大梵天王光音天　　遍淨天王廣果天

대자재왕불가설　　보현문수대보살
大自在王不可說　　普賢文殊大菩薩

법혜공덕금강당　　금강장급금강혜
法慧功德金剛幢　　金剛藏及金剛慧

광염당급수미당　　대덕성문사리자
光焰幢及須彌幢　　大德聲聞舍利子

급여비구해각등　　우바새장우바이
及與比丘海覺等　　優婆塞長優婆夷

선재동자동남녀　　기수무량불가설
善財童子童男女　　其數無量不可說

선재동자선지식　　문수사리최제일
善財童子善知識　　文殊舍利最第一

덕운해운선주승　　미가해탈여해당
德雲海雲善住僧　　彌伽解脫與海幢

휴사비목구사선　　승열바라자행녀
休舍毘目瞿沙仙　　勝熱婆羅慈行女

선견자재주동자　　구족우바명지사
善見自在主童子　　具足優婆明智士

법보계장여보안　　무렴족왕대광왕
法寶髻長與普眼　　無厭足王大光王

부동우바변행외　　우바라화장자인
不動優婆遍行外　　優婆羅華長者人

바시라선무상승　　사자빈신바수밀
婆施羅船無上勝　　獅子嚬伸婆須密

비실지라거사인	관자재존여정취
毘瑟祇羅居士人	觀自在尊與正趣
대천안주주지신	바산바연주야신
大天安住主地神	婆珊婆演主夜神
보덕정광주야신	희목관찰중생신
普德淨光主夜神	喜目觀察衆生神
보구중생묘덕신	적정음해주야신
普救衆生妙德神	寂靜音海主夜神
수호일체주야신	개부수화주야신
守護一切主夜神	開敷樹華主夜神
대원정진력구호	묘덕원만구바녀
大願精進力救護	妙德圓滿瞿婆女
마야부인천주광	변우동자중예각
摩耶夫人天主光	遍友童子衆藝覺
현승견고해탈장	묘월장자무승군
賢勝堅固解脫長	妙月長者無勝軍
최적정바라문자	덕생동자유덕녀
最寂靜婆羅門者	德生童子有德女
미륵보살문수등	보현보살미진중
彌勒菩薩文殊等	普賢菩薩微塵衆
어차법회운집래	상수비로자나불
於此法會雲集來	常隨毘盧遮那佛
어련화장세계해	조화장엄대법륜
於蓮華藏世界海	造化莊嚴大法輪
시방허공제세계	역부여시상설법
十方虛空諸世界	亦復如是常說法
육육육사급여삼	일십일일역부일
六六六四及與三	一十一一亦復一

세주묘엄여래상 　보현삼매세계성
世主妙嚴如來相 　普賢三昧世界成

화장세계노사나 　여래명호사성제
華藏世界盧舍那 　如來名號四聖諦

광명각품문명품 　정행현수수미정
光明覺品問明品 　淨行賢首須彌頂

수미정상게찬품 　보살십주범행품
須彌頂上偈讚品 　菩薩十住梵行品

발심공덕명법품 　불승야마천궁품
發心功德明法品 　佛昇夜摩天宮品

야마천궁게찬품 　십행품여무진장
夜摩天宮偈讚品 　十行品與無盡藏

불승도솔천궁품 　도솔천궁게찬품
佛昇兜率天宮品 　兜率天宮偈讚品

십회향급십지품 　십정십통십인품
十回向及十地品 　十定十通十忍品

아승지품여수량 　보살주처불불사
阿僧祇品與壽量 　菩薩住處佛不思

여래십신상해품 　여래수호공덕품
如來十身相海品 　如來隨好功德品

보현행급여래출 　이세간품입법계
普賢行及如來出 　離世間品入法界

시위십만게송경 　삼십구품원만교
是爲十萬偈頌經 　三十九品圓滿敎

풍송차경신수지 　초발심시변정각
諷誦此經信受持 　初發心時便正覺

안좌여시국토해 　시명비로자나불
安坐如是國土海 　是名毘盧遮那佛

나무동방해탈주
南無東方解脫呪

세계허공공덕 청정미진등목단정 공덕상 광명화 파두마 유
世界虛空功德 淸淨微塵等目端正 功德相 光明華 波頭摩 琉

리광 보체상 최상향 공양흘 종종장엄 정계무량무변 일월광
璃光 寶體相 最上香 供養訖 種種莊嚴 頂髻無量無邊 日月光

명 원력장엄 변화장엄 법계출생 무장애왕 여래아라하 삼막
明 願力莊嚴 變化莊嚴 法界出生 無障碍王 如來阿羅訶 三藐

삼불타
三佛陀

법계보회향진언
法界普回向眞言

옴 사마라 사마라 미만나 사라마하 자가라바 훔 (3번)
唵 娑摩羅 娑摩羅 彌摩曩 娑羅摩訶 左乞羅縛 吽

계수서방안락찰 稽首西方安樂刹	서방정토 극락세계 접인중생 하옵시는
접인중생대도사 接引衆生大導師	아미타- 부처님께 머리숙여 예배하며
아금발원원왕생 我今發願願往生	내가이제 극락가기 지성으로 발원하니
유원자비애섭수 唯願慈悲哀攝受	자비하신 원력으로 굽어살펴 주옵소서
고아일심귀명정례 故我一心歸命頂禮	한맘함께 기울여서 머리숙여 절합니다

　이렇게 정해진 시간을 차질없이 외우다가 알맞은 시간(10분 내지 30분)에 이르게 되면 마지막에는 법당 앞에 이르러서 세 번 다시 목탁을 내려치고 도량석을 마치게 된다.

2. 종성(鍾聲)

도량석이 끝나면 종성을 한다. 작은 종이 있는 곳에 가서 단정히 앉아 처음에는 낮은 소리로부터 점점 크게(‥‥●●) 종을 올려친 뒤에 '원차 종성변법계…' 하고 게송을 읊어가면서 쇠를 친다. 이렇게 쇳성을 마치고 나면 다음에는 범종 앞에 나아가 28추를 친다. 범종을 칠 때는 시작과 끝에 있어서 ○○ 하는 식으로 작게 두 번 치고 나서 크게 한 번 울린다. 쇳성은 다음과 같다.

원차종성변법계 願此鐘聲遍法界	원컨데— 이종소리 법계에— 두루하여
철위유암실개명 鐵圍幽暗悉皆明	철위산의 어두움은 모두다— 밝아지고
삼도이고파도산 三途離苦破刀山	삼도의— 고통세계 도산지옥 무너져서
일체중생성정각① 一切衆生成正覺	모든중생 하나같이 정각을— 이뤄지다.①
나무 비로교주 화장자존 南無 毘盧敎主 華藏慈尊	화장세계 교주이신 비로자나 부처님이
연 보게지금문 演 寶偈之金文	연설하여 포교하신
포 낭함지옥축 布 琅函之玉軸	팔만사천 대장경—
진진혼입 찰찰원융 塵塵混入 刹刹圓融	티끌세계 다통하는
십조구만오천사십팔자 十兆九萬五千四十八字	10조 9만 5천 48자
일승원교 一乘圓敎	일승원교
"대방광불화엄경"(3번)② 大方廣佛華嚴經	대방광불화엄경께 귀의합니다.②

제일게 (第一偈)

"약인욕요지 (若人欲了知)
삼세일체불 (三世一切佛)
응관법계성 (應觀法界性)
일체유심조" (一切唯心造) (3번)③

"만약
삼세모든
부처님을
알고자 하면
마땅히
법계성을 관하라
일체가
유심조니라." (3번)③

파지옥진언 (破地獄眞言)

나모 아따 시지남 삼먁삼못다 구치남 옴 아자나 바바시 지
曩謨 阿灑吒 始地喃 三藐三沒駄 鳩致喃 唵 惹左那 縛婆始 地

리지리 훔
理地理 吽

나모 아따 시지남 삼먁삼못다 구치남 옴 아자나 바바시 지
曩謨 阿灑吒 始地喃 三藐三沒駄 鳩致喃 唵 惹左那 縛婆始 地

리지리 훔 ④
理地理 吽

나모 아따 시지남 삼먁삼못다 구치남 옴 아자나 바바시 지
曩謨 阿灑吒 始地喃 三藐三沒駄 鳩致喃 唵 惹左那 縛婆始 地

리지리 훔 ⑤
理地理 吽

※ 어떤 곳에서는 여기서 끝이고 바로 4물(대종·운판·목어·법고)로 들어가는 곳도 있음. 그러나 이어서 종성을 할 때는 다음 게송을 계속해서 함.

원아진생무별념
願我盡生無別念

아미타불독상수
阿彌陀佛獨相隨

심심상계옥호광
心心常係玉毫光

염염불이금색상
念念不離金色相

아집염주법계관
我執念珠法界觀

허공위승무불관
虛空爲繩無不貫

평등사나무하처
平等舍那無何處

관구서방아미타
觀求西方阿彌陀

나무서방대교주
南無西方大敎主

무량수 여래불
無量壽 如來佛

나무아미타불⑥
南無阿彌陀佛

이내목숨 다하도록
다른생각 하지않고

아미타불 한골수로
부지런히 따라가되

마음과― 마음속에
옥호광을 부여잡고

생각생각 금색신을
떠나가지 않으리다

내가지닌 염주로서
법계를― 관하면서

허공을― 남김없이
모두꿰어 통하리다

평등하신 사나부처
어디에는 없으리까

서방극락 아미타불
어서빨리 뵙고지고

나무서방
대교주―

무량수
여래불

나―무――
아미타불⑥

나무아미타불
南無阿彌陀佛

나무아미타불
南無阿彌陀佛

나무아미타불
南無阿彌陀佛

나무
아미타불

나무
아미타불

나무
아미타불

나무아미타불　　　　　　　　　나무
南無阿彌陀佛　　　　　　　　　아미타불
나무아미타불⑦　　　　　　　　나-무——
南無阿彌陀佛　　　　　　　　　아미타불⑦

나무아미타불　　　　　　　　　나무
南無阿彌陀佛　　　　　　　　　아미타불
나무아미타불　　　　　　　　　나무
南無阿彌陀佛　　　　　　　　　아미타불
나무아미타불　　　　　　　　　나무
南無阿彌陀佛　　　　　　　　　아미타불
나무아미타불　　　　　　　　　나무
南無阿彌陀佛　　　　　　　　　아미타불
나무아미타불⑧　　　　　　　　나-무——
南無阿彌陀佛　　　　　　　　　아미타불⑧

극락세계십종장엄
極樂世界十種莊嚴

법장서원수인장엄　　　　　　　법장스님 세운서원
法藏誓願修因莊嚴　　　　　　　닦고익혀 장엄한곳
사십팔원원력장엄　　　　　　　사십팔원 원력으로
四十八願願力莊嚴　　　　　　　아름답게 장엄한곳
미타명호수광장엄　　　　　　　아미타불 이름으로
彌陀名號壽光莊嚴　　　　　　　복과지혜 장엄한곳
삼대사관보상장엄　　　　　　　삼대사의 모습으로
三大士觀寶像莊嚴　　　　　　　보배처럼 장엄한곳
나무아미타불⑨　　　　　　　　나-무——
南無阿彌陀佛　　　　　　　　　아미타불⑨

미타국토안락장엄 아미타불 안락국토
彌陀國土安樂莊嚴 안락하게 장엄한곳

보하청정덕수장엄 청정한― 보배연못
寶河淸淨德水莊嚴 팔공덕수 장엄한곳

보전여의루각장엄 뜻을따라 보배누각
寶殿如意樓閣莊嚴 거룩하게 장엄한곳

주야장원시분장엄 여유있는 시간으로
晝夜長遠時分莊嚴 밤과낮을 장엄한곳

이십사락정토장엄 오만가지 선근으로
二十四樂淨土莊嚴 이십사락 장엄한곳

삼십종익공덕장엄 삼십가지 공덕으로
三十種益功德莊嚴 빠짐없이 장엄한곳

나무아미타불⑩ 나―무――
南無阿彌陀佛 아미타불⑩

석가여래팔상성도
釋迦如來八相成道

도솔내의상 도솔천서
兜率來儀相 내려오셔

비람강생상 룸비니서
毘藍降生相 탄생하고

사문유관상 궁중네문
四門遊觀相 구경하고

유성출가상 성을넘어
踰城出家相 출가하여

나무아미타불⑪ 나―무――
南無阿彌陀佛 아미타불⑪

설산수도상 설산에서
雪山修道相 수도하여

수하항마상 마군중을
樹下降魔相 항복받고

녹원전법상 녹야원서
鹿苑轉法相 법전하고

쌍림열반상 쌍림에서
雙林涅槃相 열반했네

나무아미타불⑫ 나―무――
南無阿彌陀佛 아미타불⑫

다생부모십종대은
多生父母十種大恩

회탐수호은 태에실어
懷耽守護恩 보호한은

임산수고은 해산할때
臨産受苦恩 고통한은

생자망우은 아기낳고
生子忘憂恩 안심한은

연고토감은 쓴것먹고
咽苦吐甘恩 단것준은

회간취습은 젖은자리
廻乾就濕恩 갈아준은

나무아미타불⑬ 나―무――
南無阿彌陀佛 아미타불⑬

유포양육은 젖먹여서
乳哺養育恩 길러준은

세탁부정은 洗濯不淨恩	똥오줌을 가려준은
원행억념은 遠行憶念恩	먼길간후 근심한은
위조악업은 爲造惡業恩	자식위해 죄를진은
구경연민은 究竟憐愍恩	한결같이 사랑한은
나무아미타불⑭ 南無阿彌陀佛	나―무―― 아미타불⑭

오종대은명심불망
五種大恩銘心不忘

각안기소국왕지은 各安其所國王之恩	곳곳마다 편안하게 살림살이 국왕의은
생양구로부모지은 生養劬勞父母之恩	나서길러 사람만든 부모님의 크신은혜
유통정법사장지은 流通正法師長之恩	바른법을 유통하여 대대전한 스승의은
사사공양단월지은 四事供養檀越之恩	음식의복 와구탕약 베풀어준 시주은혜
탁마상성붕우지은 琢磨相成朋友之恩	서로쪼고 가르쳐서 인격형성 붕우의은
당가위보유차염불 當可爲報唯此念佛	이큰은혜 갚으려면 염불함이 제일이라
나무아미타불⑮ 南無阿彌陀佛	나―무―― 아미타불⑮

청산첩첩미타굴　　　　깊고깊은 푸른산은
青山疊疊彌陀屈　　　　아미타불 전당이요
창해망망적멸궁　　　　넓고넓은 푸른바다
滄海茫茫寂滅宮　　　　부처님의 궁전이요
물물염래무가애　　　　물과물을 잡아옴에
物物拈來無罣碍　　　　걸림없이 대한다면
기간송정학두홍　　　　푸른숲- 정자에서
幾看松亭鶴頭紅　　　　붉은학을 보리로다
나무아미타불⑯　　　　나-무——
南無阿彌陀佛　　　　　아미타불⑯

극락당전만월용　　　　극락세계 아미타불
極樂堂前滿月容　　　　십오둥근 달빛이요
옥호금색조허공　　　　백호금빛 찬란한몸
玉毫金色照虛空　　　　우주비쳐 끝이없네
약인일념칭명호　　　　누구든지 일념으로
若人一念稱名號　　　　그이름을 부른다면
경각원성무량공　　　　잠간사이 깨달아서
頃刻圓成無量功　　　　무량공을 이룬다네
나무아미타불⑰　　　　나-무——
南無阿彌陀佛　　　　　아미타불⑰

삼계유여급정륜　　　　삼계고해 윤회하기
三界猶如汲井輪　　　　물도르레 돌듯하며
백천만겁역미진　　　　백겁천겁 수만겁을
百千萬劫歷微塵　　　　끝이없이 돌고도네
차신불향금생도　　　　이생에서 이몸으로
此身不向今生度　　　　성불하지 못한다면

갱대하생도차신
更待何生度此身
어느때를 기다려서
이몸제도 하오리까
나무아미타불⑱
南無阿彌陀佛
나-무——
아미타불⑱

천상천하무여불
天上天下無如佛
하늘이나 땅에서나
오직홀로 높으신이
시방세계역무비
十方世界亦無比
시방세계 다보아도
비교할자 바이없네
세간소유아진견
世間所有我盡見
일체세간 모든것을
남김없이 살펴봐도
일체무유여불자
一切無有如佛者
우리부처 세존만큼
거룩한이 없으시네
나무아미타불⑲
南無阿彌陀佛
나-무——
아미타불⑲

찰진심념가수지
刹塵心念可數知
온세계의 티끌들을
모두다- 헤아리고
대해중수가음진
大海中水可飮盡
바다속의 많은물을
남김없이 다마시고
허공가량풍가계
虛空可量風可繫
허공세계 가늠하고
부는바람 묶은자도
무능진설불공덕
無能盡說佛功德
부처님의 공덕만은
다말하지 못한다네
나무아미타불⑳
南無阿彌陀佛
나-무——
아미타불⑳

가사정대경진겁
假使頂戴經塵劫
가사경을 높이이고
티끌겁을 경유하고

신위상좌변삼천 이몸으로 법상지어
身爲牀座徧三千 대천세계 다덮어도
약불전법도중생 부처님법 전치않고
若不傳法度衆生 중생제도 아니하면
필경무능보은자 어떻게도 부처님은
畢竟無能報恩者 갚을길이 없다네—
나무아미타불㉑ 나—무——
南無阿彌陀佛 아미타불㉑

아미타불재하방 아미타— 부처님이
阿彌陀佛在何方 어느곳에 계신가를
착득심두절막망 마음속에 꼭붙들어
着得心頭切莫忘 잊지말고 생각하되
염도념궁무념처 생각생각 지극하여
念到念窮無念處 무념처에 이른다면
육문상방자금광 눈귀코혀 몸뜻에서
六門常放紫金光 자금광을 발하리라
나무아미타불㉒ 나—무——
南無阿彌陀佛 아미타불㉒

보화비진료망연 보신화신 부처님은
報化非眞了妄緣 진짜부처 아니시고
법신청정광무변 법신만이 청정하여
法身淸淨廣無邊 영원무궁 하느니라
천강유수천강월 천강에— 물있으면
千江有水千江月 천강에— 달이뜨고
만리무운만리천 만리에— 구름없으면
萬里無雲萬里天 만리가— 하늘이네
나무아미타불㉓ 나—무——
南無阿彌陀佛 아미타불㉓

지옥도중수고중생   지옥에서 고통받는
地獄途衆受苦衆生   팔만사천 모든중생

문차종성활연개오   이종소리 듣고나서
聞此鐘聲豁然開悟   깨달음을 얻어지고

아귀도중수고중생   아귀에서 고통받는
餓鬼途衆受苦衆生   굶고사는 모든중생

문차종성영멸기허   이종소리 듣고나서
聞此鐘聲永滅飢虛   영원기허 소멸하고

축생도중수고중생   축생에서 고통받는
畜生途中受苦衆生   어리석은 모든중생

문차종성지혜명철   이종소리 듣고나서
聞此鐘聲智慧明徹   지혜가— 밝아지다

여시내지구류중생   이와같은 모든중생
如是乃至九類衆生   고통받는 구류중생

문차종성이고득락   이종소리 듣고나서
聞此鐘聲離苦得樂   이고득락 하여지다

나무아미타불㉔   나—무——
南無阿彌陀佛   아미타불㉔

백겁적집죄   백겁천겁
百劫積集罪   쌓은죄업

일념돈탕제   한생각에
一念頓蕩除   없어져서

여화분고초   마른풀을
如火焚枯草   태우듯이

멸진무유여   남김없이
滅盡無有餘   사라지네

나무아미타불㉕   나—무——
南無阿彌陀佛   아미타불㉕

귀의대성존 歸依大聖尊	대자대비 성현들께 지성귀의 하옵나니
능발삼도고 能拔三途苦	지옥아귀 3악도를 빠짐없이 구제하고
역원제중생 亦願濟衆生	그나머지 모든중생 또한같이 구제하고
보입무위락 普入無爲樂	모두같이 무위의집 들어가게 하옵소서
나무아미타불㉖ 南無阿彌陀佛	나─무── 아미타불㉖

세존좌도량 世尊坐道場	보리수의 대도량에 높이앉은 우리부처
비여천일출 譬如千日出	일천개의 해가솟듯 허공중에 나타나니
상방대광명 常放大光明	밝고밝은 큰광명이 한량없이 쏟아지니
조요대천계 照耀大千界	삼천대천 모든세계 끊임없이 비춥니다
나무아미타불㉗ 南無阿彌陀佛	나─무── 아미타불㉗

원공법계제중생 願共法界諸衆生	원하노니 법계있는 모든중생 중생들이
동입미타대원해 同入彌陀大願海	모두함께 아미타불 대원해에 들어가서
진미래제도중생 盡未來際度衆生	미래제가 다하도록 무량중생 제도하여
자타일시성불도 自他一時成佛道	너나없이 모두같이 함께성불 하여지다

나무아미타불㉘
南無阿彌陀佛

나-무——
아미타불㉘

※ 이렇게 아침 종성을 하고 나서는 다음 글귀를 외우면서 점점 종을 내려 치다가 다시 올린다.

나무 서방정토 극락세계 삼
南無 西方淨土 極樂世界 三

서방정토
극락세계

십육만억 일십일만 구천오
十六萬億 一十一萬 九千五

삼십육만억
일십일만
구천오백

백 동명동호
百 同名同號

동명동호

대자대비 아미타불
大慈大悲 阿彌陀佛

대자대비 아미타
부처님께 귀의합니다.

나무서방정토 극락세계 불
南無西方淨土 極樂世界 佛

서방정토 극락세계
거룩하신 아미타불

신장광 상호무변 금색광명
身長廣 相好無邊 金色光明

삼십이상
팔십종호

변조법계 사십팔원 도탈중
遍照法界 四十八願 度脫衆

금색광명 널리비쳐
사십팔원 원력으로

생 불가설 불가설전 불가설
生 不可說 不可說轉 不可說

법계중생
제도하는

항하사 불찰미진수 도마죽
恒河沙 佛刹微塵數 稻麻竹

티끌같은
부처님들

위 무한극수 올삼백육십만
葦 無限極數 三百六十萬

도마죽위 무한극수
삼백육십만억

억 일십일만 구천오백 동명
億 一十一萬 九千五百 同名

일십일만
구천오백

동호
同號

동명동호

대자대비 아등도사 금색여래 아미타불
大慈大悲 我等導師 金色如來 阿彌陀佛

대자대비
아미타부처님께
귀의합니다.

나무아미타불──
南無阿彌陀佛

나무아미타부처님께
귀의합니다.

※ 끝마칠때 내렸다 올려치는 종은 다음과 같다.

──○○○○○○○○○○ ┊ ○○○○ ┊ ○

다음은 사물(四物)을 친다. 단, 4물이 없는 곳에서는 바로 예불종으로 들어감.

3. 사물(四物)

(1) 범종(梵鐘)

범종은 보통 지옥중생을 위해 치는데 10초 간격으로 28추를 친다. 시작과 끝은 앞서 말한 것과 같이 작게 자주 두 번 치고 마지막으로 크게 한 번 친다.

┊①~㉗┊㉘

(2) 운판(雲版)

운판은 허공 중생을 위해 친다. 얕은 소리로부터 두 번 울렸다 내려 치고 세번째 올려 다섯 마디로서 끝낸다. 치는 요령은 다음과 같다.

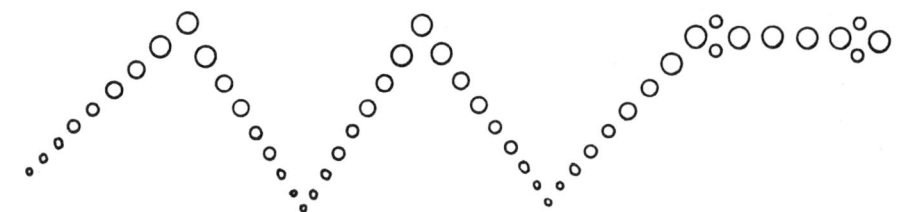

(3) 목어(木魚)

목어는 수부(水府) 중생을 위해서 친다. 치는 요령은 2개의 막대를 가지고 목어 배 속을 두들기는데 역시 운판과 같이 낮은 소리로부터 두 번 올려 치고 세번째 올라가서 끝이 되 그칠 때는 목어 등을 ⦂○○○○⦂○ 하는 순서로 치고 끝낸다.

(4) 법고(法鼓)

법고는 축생 중생들을 위해 친다. 치는 방법은 낮은 소리로부터 시작하여 점점 높게 세 번을 올렸다 내리기를 세 번 하므로 3·3은 9통이라 한다. 끝내는 방법은 북변을 세 번 쓰다듬고 ⦂○⦂○○⦂○ 세 번 쳐서 끝낸다.

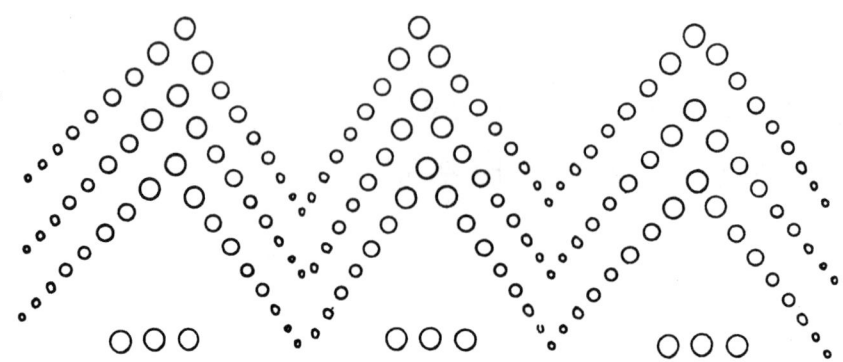

4. 예불종

이렇게 4물이 끝나면 다음은 예불을 알리는 예불종을 치고 예불한다. 예불종은 법당 안에 대중이 다 모여 있는가를 보아서 예불 준비가 완료된 것 같으면 다음과 같이 친다.

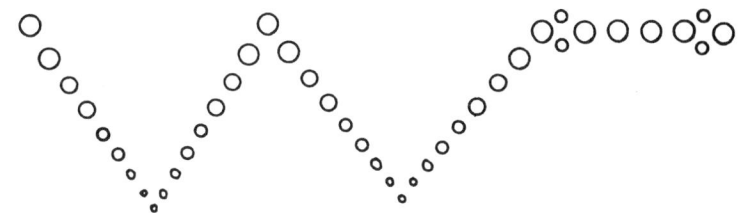

5. 예불문(禮佛文)

예불에는 향수례(香水禮)·칠처구회례(七處九回禮)·사성례(四聖禮)·대소예참(大小禮懺) 등 여러 가지가 있으나 요즈음 우리 나라에서 유행하고 있는 칠정례(七頂禮:五分香禮)를 소개하면 다음과 같다.

(1) 다례(茶禮)

아침에는 다(茶)를 올리고 '다게'를 하고 저녁에는 향만 올리고 '헌향진언'을 한다.

다게
茶偈

아금청정수　　　　　　　　　내가이제
我今淸淨水　　　　　　　　　　맑은물을

변위감로다　　　　　　　　　감로다로
變爲甘露茶　　　　　　　　　　변하여서

봉헌삼보전(반절)　　　　　　　　삼보님께
奉獻三寶前　　　　　　　　　　　올리오니

원수애납수(큰절)　　　　　　　　거두어―
願垂哀納受　　　　　　　　　　　주옵소서(반절)

원수애납수(큰절)　　　　　　　　거두어―
願垂哀納受　　　　　　　　　　　주옵소서(반절)

원수자비애납수(큰절)　　　　　　자비로서 거두어
願垂慈悲哀納受　　　　　　　　　주옵소서(반절)

지심귀명례　삼계도사　사생　　한마음 함께 기울여서
至心歸命禮　三界導師　四生　　　삼계도사 사생자부
자부 시아본사 석가모니불(큰절)　석가모니 부처님께
慈父　是我本師　釋迦牟尼佛　　　예배합니다. (큰절)

지심귀명례　시방삼세　제망　　한마음 함께
至心歸命禮　十方三世　帝網　　　기울여서
찰해 상주일체 불타야중(큰절)　　시방삼세 항상계신
刹海　常住一切　佛陀耶衆　　　　부처님께 예배합니다. (큰절)

지심귀명례　시방삼세　제망　　한마음 함께
至心歸命禮　十方三世　帝網　　　기울여서
찰해 상주일체 달마야중(큰절)　　시방삼세 항상계신
刹海　常住一切　達磨耶衆　　　　달마님께 예배합니다. (큰절)

지심귀명례　대지문수　사리　　한마음 함께 기울여서
至心歸命禮　大智文殊　舍利　　　대지문수 사리보살
보살　대행보현보살　대비관　　대행 보현보살
菩薩　大行普賢菩薩　大悲觀　　　대비 관세음보살
세음보살　대원본존　지장보　　대원본존
世音菩薩　大願本尊　地藏菩　　　지장보살님께
살 마하살(큰절)　　　　　　　　예배합니다. (큰절)
薩　摩訶薩

지심귀명례 영산당시 수불   한마음 함께 기울여서
至心歸命禮 靈山當時 受佛   영산당시 부처님께

부촉 십대제자 십육성 오백   부촉받은
付囑 十大弟子 十六聖 五百   십대제자

성 독수성 내지 천이백제대   십육성 오백성 독수성
聖 獨修聖 乃至 千二百諸大   내지 천이백

아라한 무량자비성중(큰절)   모든 큰 아라한님들께
阿羅漢 無量慈悲聖衆   예배합니다. (큰절)

지심귀명례 서건동진 급아   한마음 함께
至心歸命禮 西乾東晋 及我   기울여서

해동 역대전등 제대조사 천   인도 중국 한국 세계
海東 歷代傳燈 諸大祖師 天   역대 전등 제대조사

하종사 일체미진수 제대선   천하종사
下宗師 一切微塵數 諸大善   일체 모든 큰 선지식님들께

지식(큰절)   예배합니다. (큰절)
知識

지심귀명례 시방삼세 제망   한마음 함께
至心歸命禮 十方三世 帝網   기울여서

찰해 상주일체 승가야중(큰절)   시방 삼세 항상 계신
刹海 常住一切 僧伽耶衆   승가님께 예배합니다. (큰절)

유원 무진삼보   오직 원컨대
唯願 無盡三寶   삼보님께서는

대자대비 수아정례   대자대비로서
大慈大悲 受我頂禮   저희들의 예배를 받으시고

명훈가피력 원공법계제중생   가피력을 내리시어
冥熏加被力 願共法界諸衆生   법계의 모든 중생이

자타일시성불도(반절)   모두 함께 불도를
自他一時成佛道   이루어지이다. (반절)

(2) 발원문(發願文)

　발원이란 인생의 복덕을 기리고 망령의 고통을 덜어주기 위하여 선각자들의 증명을 구하면서 소망을 발하는 서원이다. 여기에도 여러 가지 종류가 있으나 전래로 내려오는 행선축원(行禪祝願) 가운데 아침 저녁으로 외웠던 것을 재편집하여 간단히 소개한다.

조석향등헌불전 朝夕香燈獻佛前	아침과 저녁으로 향과 등불 밝히옵고
귀의삼보예금선 歸依三寶禮金仙	삼보님께 귀의하옵나니
우순풍조민안락 雨順風調民安樂	비바람은 고르내려 백성들은 안락하고
천하태평법륜전(반절) 天下太平法輪轉	세계가 평안하여 법륜이 항상 구르게 하옵소서
원차소주○○○ 願此所住○○○	원컨데— 서울사는 ○○○에
대소시주성사덕 大小施主盛事德	크고 작은 시주들이 구름처럼 모여들어
○○불사원만성 ○○佛事圓滿成	진행중인 ○○불사가 원만하게 성취되고
남북통일속성취 南北統一速成就	하루 속히 남북통일이 이루워지기 바랍니다.
원아세세생생처 願我世世生生處	원컨데 항상 태어나는 곳마다.
상어반야불퇴전 常於般若不退轉	지혜로운 생활을 떠나지 않고
여피본사용맹지 如彼本師勇猛智	석가부처님의 용맹한 지혜와

여피사나대각과 如彼舍那大覺果	노사나부처님의 원만한 깨달음과
여피문수대지혜 如彼文殊大智慧	문수보살의 슬기와
여피보현광대행 如彼普賢廣大行	보현보살의 행원과
여피지장무변신 如彼地藏無邊身	지장보살의 끝없는 몸을 얻어
여피관음삼이응 如彼觀音三二應	관세음보살의 32응신으로
시방세계무불현 十方世界無不現	온갖 세계 온갖 몸을 나투어 온갖 중생들을 건지어
보령중생입무위 普令衆生入無爲	하염없는 부처님의 세계에 들어가게 하옵소서.
문아명자면삼도 聞我名者免三途	저희들의 이름을 듣는 이는 삼도의 고통을 면하고
견아형자득해탈 見我形者得解脫	저희들이 모습을 보는 이는 해탈을 얻어
여시교화항사겁 如是教化恒沙劫	이렇게 항사 겁을 교화하여
필경무불급중생 (반절) 畢竟無佛及衆生	마침내 모두 부처님이 되게 하옵소서.
원제천룡팔부중 願諸天龍八部衆	원컨데 천룡팔부중께서는
위아옹호불이신 爲我擁護不離身	항상 저희들을 옹호하여
어제난처무제난 於諸難處無諸難	어려운 곳에 있어서도 어려움이 없게하고

여시대원능성취(반절)   이와 같은 모든 원을
如是大願能成就   성취하게 하옵소서

나무석가모니불   나무
南無釋迦牟尼佛   석가모니불

나무석가모니불   나무
南無釋迦牟尼佛   석가모니불

나무시아본사석가모니불(반절)   나무시아본사
南無是我本師釋迦牟尼佛   석가모니불. (반절)

※ ○○부분은 각기 자기 절의 주소와 이름 불사관계를 넣어 축원하는 것이니 알아서 넣으시기 바랍니다.

(3) 신중단(神衆壇)

① 다례(茶禮)

청정명다약   내가이제 좋은 차를
清淨茗茶藥   신장님께 올리오니

능제병혼침   혼침을— 제거하는
能除病昏沈   선약으로 드시옵고

유기옹호중(반절)   옹호하여
唯冀擁護衆   주옵소서(반절)

원수애납수(큰절)   원컨데— 청정 차를
願垂哀納受   거두어 주옵소서(큰절)

원수애납수(큰절)   원컨데— 좋은 차를
願垂哀納受   거두어 주옵소서(큰절)

원수자비애납수(큰절)   원컨데— 자비로서
願垂慈悲哀納受   거두어 주옵소서(큰절)

지심귀명례 진법계 허공계
至心歸命禮 盡法界 虛空界

화엄회상 욕색제천중(큰절)
華嚴會上 欲色諸天衆

한마음 함께 기울여서
진법계 허공계
화엄회상 욕색 제천중께
예배합니다. (큰절)

지심귀명례 진법계 허공계
至心歸命禮 盡法界 虛空界

화엄회상 팔부사왕중(큰절)
華嚴會上 八部四王衆

한마음 함께 기울여서
진법계 허공계
화엄회상 팔부 4왕중께
예배합니다. (큰절)

지심귀명례 진법계 허공계
至心歸命禮 盡法界 虛空界

화엄회상 호법선신중(큰절)
華嚴會上 護法善神衆

한마음 함께 기울여서
진법계 허공계
화엄회상 호법 선신중께
예배합니다. (큰절)

원제천룡팔부중
願諸天龍八部衆

오직 원컨데
팔부중께서는

위아옹호불리신
爲我擁護不離身

저희들을
항상 옹호하여

어제난처무제난
於諸難處無諸難

어려운 곳에 있어서도
어려움이 없게 하시고

여시대원능성취(반절)
如是大願能成就

큰원을 성취하게
하옵소서. (반절)

② 반야심경

마하반야바라밀다 심경
摩訶般若波羅蜜多 心經

마하반야바라밀다 심경

관자재보살 행 심반야 바라
觀自在菩薩 行 深般若 波羅

관자재보살이
깊은 반야바라밀다를

| 밀다 시 조견 오온개공 도 | 행하실 때 5온이 다 공한 것을 |
| 蜜多 時 照見 五蘊皆空 度 | 비추어 보시고 |

일체고액 — 일체의 고액에서
一切苦厄 — 벗어 났느니라.

사리자 색불이공 공불이색 — 사리자여, 색이 공과 다르지 않고
舍利子 色不異空 空不異色 — 공이 색과 다르지 않아

색즉시공 공즉시색 수상행 — 색이 곧 공이고
色卽是空 空卽是色 受想行 — 공이 곧 색이다.

식 역부여시 — 수·상·행·식도
識 亦復如是 — 이와 같느니라.

사리자 시 제법공상 불생불 — 사리자여, 이 모든 법의 공한 모양은
舍利子 是 諸法空相 不生不 — 나지도 않고 없어 지지도 않으며

멸 불구부정 부증불감 — 더러워지지도 않고 깨끗해지지도 않으며
滅 不垢不淨 不增不減 — 늘지도 않고 줄지도 않느니라.

시고 공중무색 무 수상행식 — 그러므로 공 가운데는
是故 空中無色 無 受想行識 — 색도 없고 수·상·행·식도 없고

무 안이비 설신의 무색성향 — 눈·귀·코·혀·몸·뜻도 없고
無 眼耳鼻 舌身意 無色聲香 — 빛·소리·냄새·맛·감촉·법도 없고

미촉법 무안계 내지무의식 — 눈의 세계도 없고
味觸法 無眼界 乃至無意識 — 내지 의식의 세계도 없고,

계 무무명 역무무명진 내지 — 무명도 없고
界 無無明 亦無無明盡 乃至 — 무명이 다함도 없고

무노사 역무노사진 무 고집 — 늙고 죽음도 없고
無老死 亦無老死盡 無 苦集 — 늙고 죽음이 다함도 없고

멸도 무지 역무득 — 고·집·멸·도도 없고 지혜도 없고
滅道 無智 亦無得 — 얻을 것도 없느니라.

이무소득고 보리살타 의반 — 얻을 것이 없는 까닭에
以無所得故 菩提薩陀 依般 — 보리살타는

야바라밀다 고심무가애 무 若波羅蜜多 故心無罣碍 無	반야바라밀다를 의지하여 마음에 장애를 없애느니라.
가애고 무유공포 원리전도 罣碍故 無有恐怖 遠離顚倒	장애가 없으므로 두려움이 없어 멀리 뒤바뀐 생각을 여의고
몽상 구경열반 삼세제불 의 夢想 究竟涅槃 三世諸佛 依	마침내 열반을 이루었나니, 삼세 모든 부처님도
반야바라밀다 고득아뇩다라 般若波羅蜜多 故得阿耨多羅	이 반야바라밀다를 의지하여
삼먁삼보리 三藐三菩提	아뇩다라삼먁삼보리를 얻었느니라.
고지 반야바라밀다 시대신 故知 般若波羅蜜多 是大神	그러므로 알라. 반야바라밀다는 크고 신비한 주문이고,
주 시 대명주 시 무상주 시 呪 是 大明呪 是 無上呪 是	크고 밝은 주문이며, 위 없는 주문이고,
무등등주 능제일체고 진실 無等等呪 能除一切苦 眞實	같음이 없는 주문으로서 능히 일체 고통을 없애 주느니라.
불허 고설 반야바라밀다주 不虛 故說 般若波羅蜜多呪	진실하여 헛되지 아니하므로 반야바라밀다 주문을 설하나니
즉설주왈 卽說呪曰	곧 주문은 다음과 같느니라.
아제아제 바라아제 바라승 揭帝揭帝 婆羅揭帝 婆羅僧	아제아제 바라아제
아제 보제사바하(3번) 揭帝 菩提娑婆訶	바라승아제 모지사바하(3번)

(4) 영단법어(靈壇法語) – 법성게(法性偈)

영단에도 《반야심경》을 외우든지 《법성게》를 외우면 좋다.

의상조사 법성게 (義湘祖師 法性偈)

법성원융무이상 (法性圓融無二相)　둥글고— 오릇한법 / 진리의— 모습이여

제법부동본래적 (諸法不動本來寂)　고요뿐— 동작없는 / 삼라의— 바탕이여

무명무상절일체 (無名無相絶一切)　이름도— 꼴도없고 / 일체가— 다없거니

증지소지비여경 (證智所知非餘境)　아는이는 성인이고 / 범부들은 모른다네

진성심심극미묘 (眞性甚深極微妙)　교묘하게 깊고깊은 / 현묘한— 진성이여

불수자성수연성 (不守自性隨緣成)　제자리를 벗어난듯 / 세계를— 나툼이여

일중일체다중일 (一中一切多中一)　하나속에 모두있고 / 많은곳에 하나있어

일즉일체다즉일 (一即一切多即一)　하나가곧 전체이고 / 전체가곧 하나이니

일미진중함시방 (一微塵中含十方)　한티끌— 작은속에 / 온세계를 머금었고

일체진중역여시 (一切塵中亦如是)　낱낱의— 티끌마다 / 우주가— 다들었네

무량원겁즉일념 (無量遠劫即一念)　한량없는 긴시간이 / 한생각— 일념이고

일념즉시무량겁 (一念即是無量劫)　찰나의— 한생각이 / 한량없는 긴겁이니

구세십세호상즉 (九世十世互相即)　삼세와— 구세십세 / 엉킨듯— 한덩인듯

| 잉불잡란격별성 | 그러나- 따로따로 |
| 仍不雜亂隔別成 | 뚜렷한- 만상이여 |

| 초발심시변정각 | 처음발심 했을때가 |
| 初發心時便正覺 | 부처를- 이룬때고 |

| 생사열반상공화 | 생사와- 열반경에 |
| 生死涅槃常共和 | 바탕이- 한몸이니 |

| 이사명연무분별 | 있는듯- 이사분별 |
| 理事冥然無分別 | 혼연히- 없는그곳 |

| 십불보현대인경 | 노사나불 보현님의 |
| 十佛普賢大人境 | 대인의- 경계로세 |

| 능인해인삼매중 | 석가모니 해인삼매 |
| 能仁海印三昧中 | 그속에- 나툼이여 |

| 번출여의부사의 | 쏟아진- 여의진리 |
| 繁出如意不思議 | 그속에- 부사의여 |

| 우보익생만허공 | 허공속에 가득하온 |
| 雨寶益生滿虛空 | 거룩하신 법비로서 |

| 중생수기득이익 | 근기따라 온갖중생 |
| 眾生隨器得利益 | 이익을- 얻게했네 |

| 시고행자환본제 | 행자들아 돌아가라 |
| 是故行者還本際 | 진리의- 고향으로 |

| 파식망상필부득 | 번뇌망상 쉬고쉬어 |
| 叵息妄想必不得 | 헛된길을 가지말라 |

| 무연선교착여의 | 교묘한- 절대방편 |
| 無緣善巧捉如意 | 그길로- 찾아가라 |

| 귀가수분득자량 | 여의주- 노자얻어 |
| 歸家隨分得資糧 | 부처님의 고향으로 |

| 이다라니무진보 | 끝이없이 쓰고쓰는 |
| 以陀羅尼無盡寶 | 다라니의 무진보로 |

장엄법계실보전
莊嚴法界實寶殿

궁좌실제중도상
窮坐實際中道床

구래부동명위불
舊來不動名爲佛

불국토— 법왕궁을
아름답게 장엄하고
중도의— 해탈좌에
앉으면은 깨달으리
옛날부터 그랬었네
그이름이 부처라고

(5) 상견례(相見禮)

예불드린 사람들끼리 서로 바라보며 아침인사를 나눈다. 그리고 선방에 있는 사람은 선방으로 가서 입정하고 보통 절에서는 입정후 아침송주와 장엄염불 등을 외운다.

(6) 입정(入定)

선방에서는 1시간 내지 2시간을 하지만 일반적으로는 3분 내지 10분 정도 입정한다. 그리고 다시 아침송주(4대주)를 외우고 장엄염불과 정토업을 읽기도 한다.

6. 아침송주(朝誦呪)

(1) 4대주(四大呪)

정구업진언
淨口業眞言

수리수리 마하수리 수수리 사바하 (3번)
修里修里 摩訶修里 修修里 娑婆訶

오방내외안위제신진언
五方內外安慰諸神眞言

나무사만다 못다남 옴 도로도로 지미사바하 (3번)
南無三滿多 沒馱喃 唵 度嚕度嚕 地尾娑婆訶

개경게
開經偈

무상심심미묘법 無上甚深微妙法	가장높고 미묘하고 깊고깊은 부처님법
백천만겁난조우 百千萬劫難遭遇	백천만겁 지나도록 만나뵙기 어려운법
아금문견득수지 我今聞見得受持	내가이제 보고듣고 얻어받아 지니오니
원해여래진실의 願解如來眞實意	부처님의 진실한뜻 알게하여 주옵소서

개 법장진언
開 法藏眞言

옴 아라남 아라다 (3번)
唵 阿羅南 阿羅馱

나무대불정 여래밀인 수증료의 제보살만행수능엄 신주
南無大佛頂 如來密因 修證了義 諸菩薩萬行首楞嚴 神呪

다냐타 옴 아나레 비사제 비라 바아라 다리 반다반다니 바
但也他 唵 阿曩黎 尾捨帝 吠羅 縛日羅 馱隸 滿馱滿馱隸 縛

아라 바니반 호훔 다로웅박 사바하
日羅 播尼發 呼吽 納魯唵發 娑縛賀

정본 관자재 보살 여의륜주
正本 觀自在 菩薩 如意輪呪

나모 못다야 나모 달마야 나모 승가야 나무 아리야 바로
那謨 富陀野 那謨 陀羅摩野 那謨 僧伽野 那謨 阿里夜 縛路

기제 사라야 모지 사다야 마하사다야 사가라 마하가로 니
枳帝 莎羅野 普致 薩多野 摩訶薩多野 沙迦羅 摩訶迦路 尼

가야 하리다야 만다라 다냐타 가가나 바라지진다 마니마하
迦野 訖里多野 曼多羅 但也他 迦迦那 鉢羅地晉多 摩尼摩賀

무다례 루로루로 지따 하리다예 비사예 옴 부다나 부다니
舞但隷 樓路樓路 地瑟託 訖里多隷 比沙曳 唵 富陀那 富陀尼

야등
野等

불정심 관세음보살 모다라니
佛頂心 觀世音菩薩 姥陀羅尼

나모라 다나다라 야야 나막 아리야 바로기제 새바라야 모
那謨羅 但那但羅 夜野 那莫 阿利野 婆路吉帝 濕伐羅野 菩

지사다바야 마하사다바야 마하가로니가야 다냐타 아바다
提薩多跛野 摩賀薩多跛野 摩賀迦蘆尼迦野 但姪他 阿婆陀

아바다 바리바제 인혜혜 다냐타 살바다라니 만다라야 인혜
阿婆陀 跛利跛帝 煙醯醯 但姪他 薩婆陀羅尼 曼茶羅野 煙醯

혜 바리마수다 못다야 옴 살바작수가야 다라니 인지리야
醯 鉢羅摩輸馱 菩多野 唵 薩婆斫藪伽野 陀羅尼 因地利野

다냐타 바로기제 새바라야 살바도따 오하야미 사바하
但姪他 婆盧枳帝 濕縛羅野 薩婆塗託 烏訶耶彌 娑婆訶

불설소재길상 다라니
佛說消災吉祥 陀羅尼

나모 사만다 못나남 아바라지 하다사 사나남 다냐타 옴 카
曩謀 三滿多 母駄喃 阿鉢羅底 賀多舍 娑娑喃 但姪他 唵 佉

카 카헤 카헤 훔 훔 아바라 아바라 바라아바라 바라아바라
佉 佉惠 佉惠 吽 吽 阿縛羅 阿縛羅 縛羅阿縛羅 縛羅阿縛羅

디따 디따 디리 디리 빠다 빠다 선지가 시리에 사바하
底瑟託 底瑟託 底瑟理 瑟致理 婆託 婆託 扇底迦 室哩曳 沙婆訶

준제공덕취 准提功德聚	준제주의 크신공덕
적정심상송 寂靜心常誦	일념으로 늘외우면
일체제대난 一切諸大難	그어떠한 어려움도
무능침시인 無能侵是人	능히침입 못한다네
천상급인간 天上及人間	하늘이나 인간이나
수복여불등 受福如佛等	부처같이 복받으며
우차여의주 遇此如意珠	이여의주 만난이는
정획무등등 定獲無等等	가장큰법 이룬다네

나무칠구지불모 대준제보살 (3번)
南無七俱胝佛母 大准諸菩薩

정법계진언
淨法界眞言

옴 남(3번)
唵 喃

호신진언
護身眞言

옴 치림(3번)
唵 齒臨

관세음보살 본심미묘 육자대명왕진언
觀世音菩薩 本心微妙 六字大明王眞言

옴 마니 반메 훔(3번)
唵 摩尼 呌迷 吽

준제진언
准提眞言

나모 사다남 삼먁삼못다 구치남 다냐타
曩謨 薩陀喃 三藐三沒駄 鳩致喃 但野他

옴 자레주레 준제 사바하 부림(3번)
唵 左隷主隷 準堤 娑婆訶 部臨

아금지송대준제	내가이제 준제주를
我今持誦大准提	지성으로 외우면서
직발보제광대원	크고넓은 보리심의
卽發菩提廣大願	넓고큰원 세우노니
원아정혜속원명	선정지혜 닦고익혀
願我定慧速圓明	속히밝게 이루고서

원아공덕개성취 願我功德皆成就	온갖공덕 다배워서 모두성취 하사옵고
원아승복변장엄 願我勝福遍莊嚴	높은복과 큰장엄을 두루두루 갖추어서
원공중생성불도 願共衆生成佛道	그지없는 중생들과 함께불도 이루소서

여래십대발원문
如來十大發願文

원아영리삼악도 願我永離三惡道	내가이제 삼악도를 여의옵기 원합니다
원아속단탐진치 願我速斷貪瞋痴	내가이제 탐진치를 어서끊기 원합니다
원아상문불법승 願我常聞佛法僧	내가이제 불법승을 항상듣기 원합니다
원아근수계정혜 願我勤修戒定慧	내가이제 계정혜를 힘껏닦기 원합니다
원아항수제불학 願我恒隨諸佛學	내가이제 부처님법 늘배우기 원합니다
원아불퇴보리심 願我不退菩提心	내가이제 보리심을 안여의기 원합니다
원아결정생안양 願我決定生安養	내가이제 극락세계 태어나기 원합니다
원아속견아미타 願我速見阿彌陀	내가이제 아미타불 속히뵙기 원합니다
원아분신변진찰 願我分身遍塵刹	내가이제 나툰몸을 두루펴기 원합니다
원아광도제중생 願我廣度諸衆生	내가이제 모든중생 제도하기 원합니다

발 사홍서원
發 四弘誓願

| 중생무변서원도 | 가이없는 모든중생 |
| 衆生無邊誓願度 | 맹세하고 건지리다 |

| 번뇌무진서원단 | 끝이없는 모든중생 |
| 煩惱無盡誓願斷 | 맹세하고 건지리다 |

| 법문무량서원학 | 한이없는 모든법문 |
| 法門無量誓願學 | 맹세하고 배우리다 |

| 불도무상서원성 | 위가없는 모든불도 |
| 佛道無上誓願成 | 맹세하고 이루리다 |

| 자성중생서원도 | 마음속의 모든중생 |
| 自性衆生誓願度 | 맹세하고 건지리다 |

| 자성번뇌서원단 | 마음속의 모든번뇌 |
| 自性煩惱誓願斷 | 맹세하고 끊으리다 |

| 자성법문서원학 | 마음속의 모든법문 |
| 自性法門誓願學 | 맹세하고 배우리다 |

| 자성불도서원성 | 마음속의 모든불도 |
| 自性佛道誓願成 | 맹세하고 이루리다 |

| 원이 발원이 | 원을 |
| 願已 發願已 | 마치고 |

| 귀명례삼보 | 삼보님께 |
| 歸命禮三寶 | 귀의합니다 |

| 나무상주시방불 | 시방세계 항상계신 |
| 南無常住十方佛 | 부처님께 귀의하고 |

| 나무상주십방법 | 시방세계 항상계신 |
| 南無常住十方法 | 달마님께 귀의하고 |

| 나무상주십방승 (3번) | 시방세계 항상계신 |
| 南無常住十方僧 | 승가님께 귀의합니다 |

※어떤 분은 여기서 그치고 기도정진하기도 한다. 기도정진할 때는 관음정근이나 지장정근 또는 석가모니불정근·아미타불·약사불·미륵불·정근 등을 자기 소향 따라 하고 108참회를 한다. 정근하는 방법과 108참회문은 뒤에 나온다.

(2) 장엄염불(莊嚴念佛)

아미타불진금색
阿彌陀佛眞金色
아미타불 진짜금색
찬란하게 빛이나네

상호단엄무등륜
相好端嚴無等倫
삼십이상 팔십종호
단정하기 짝이없고

백호완전오수미
白毫宛轉五須彌
눈썹사이 하얀털빛
오수미와 같아오며

감목징청사대해
紺目澄淸四大海
푸른눈빛 맑은빛은
사대해와 같습니다

광중화불무수억
光中化佛無數億
빛가운데 나툰화불
무수억을 헤아리고

화보살중역무변
化菩薩衆亦無邊
빛가운데 나툰보살
헤아릴수 없습니다

사십팔원도중생
四十八願度衆生
사십팔원 원력으로
고해중생 제도하고

구품함령등피안
九品含靈登彼岸
구품계단 만들어서
법계함령 건지올제

이차예찬불공덕
以此禮讚佛功德
이러므로 예배하며
부처님덕 찬탄하니

장엄법계제유정
莊嚴法界濟有情
장엄하신 마음으로
유정중생 이끄소서

임종실원왕서방
臨終悉願往西方
내생에는 모두같이
극락세계 태어나서

공도미타성불도
共覩彌陀成佛道
아미타불 친히뵙고
무상불도 이루리다

극락세계연지중
極樂世界蓮池中

극락세계 보배연못
팔공덕수 가운데엔

구품연화여거륜
九品蓮華如車輪

수레같은 연꽃들이
구품으로 장엄되고

미타장육금구입
彌陀丈六金軀立

열여섯자 황금몸빛
장엄하게 서계시네

좌수당흉우수수
左手當胸右手垂

오른손을 드리우고
왼쪽손은 가슴에대

녹라의상홍가사
綠羅衣上紅袈裟

푸른비단 법복위엔
붉은가사 은은하네

금면미간백옥호
金面眉間白玉毫

금빛얼굴 미간백호
찬란하게 빛이나고

좌우관음대세지
左右觀音大勢至

왼쪽에선 관세음이
오른쪽엔 대세지가

시립장엄심제관
侍立莊嚴審諦觀

장엄하게 모시고서
두루살펴 보호하네

귀명성자관자재
歸命聖者觀自在

금산같이 거룩하고
담복같이 아름다운

신약금산담복화
身若金山薝蔔花

관세음께 귀의하고
관세음께 귀의하며

귀명성자대세지
歸命聖者大勢至

지혜의몸 널리비춰
중생제도 열심하는

신지광명조유연
身智光明照有緣

대세지께 귀의하고
대세지께 귀합니다

삼성소유공덕취
三聖所有功德聚

세분성현 쌓은공덕
모두모아 헤아리니

수월진사대약공
數越塵沙大若空

티끌모래 수를넘어
허공보다 크옵니다

시방제불함찬탄 十方諸佛咸讚嘆	시방세계 모든부처 입을모아 찬탄하길
진겁불능궁소분 塵劫不能窮少分	티끌겁을 다하여도 털끝만도 못하시네
시고아금공경례 是故我今恭敬禮	그러므로 저희들이 공경하며 절합니다
원아진생무별렴 願我盡生無別念	이내목숨 다하도록 다른생각 하지않고
아미타불독상수 阿彌陀佛獨相隨	아미타불 한골수로 부지런히 따라가되
심심상계옥호광 心心常係玉毫光	마음과— 마음속에 옥호광을 부여잡고
염념불리금색상 念念不離金色相	생각생각 금색신을 떠나가지 않으리다
아집염주법계관 我執念珠法界觀	내가지닌 염주로서 온법계를 관하면서
허공위승무불관 虛空爲繩無不貫	허공계를 남김없이 모두꿰어 통하리다
평등사나무하처 平等舍那無何處	평등하신 사나부처 어디에는 없으리까
관구서방아미타 觀求西方阿彌陀	서방극락 아미타불 어서빨리 뵙고지고
나무서방대교주 南無西方大教主	나무서방 대교주
무량수여래불 無量壽如來佛	무량수 여래불
나무아미타불 南無阿彌陀佛	나무아미타불 (시간따라 하다가)

극락세계 십종장엄
極樂世界 十種莊嚴

법장서원수인장엄   법장스님 세운서원
法藏誓願修因莊嚴   닦고익혀 장엄한곳

사십팔원원력장엄   사십팔원 원력으로
四十八願願力莊嚴   아름답게 장엄한곳

미타명호수광장엄   아미타불 이름으로
彌陀名號壽光莊嚴   복과지혜 장엄한곳

삼대사관보상장엄   삼대사의 모습으로
三大士觀寶像莊嚴   보배처럼 장엄한곳

미타국토안락장엄   아미타불 안락국토
彌陀國土安樂莊嚴   평화로서 장엄한곳

보하청정덕수장엄   청정한— 보배연못
寶河淸淨德水莊嚴   팔공덕수 장엄한곳

보전여의누각장엄   뜻을따라 보배누각
寶殿如意樓閣莊嚴   거룩하게 장엄한곳

주야장원시분장엄   여유있는 시간으로
晝夜長遠時分莊嚴   밤과낮을 장엄한곳

이십사락정토장엄   오만가지 선근으로
二十四樂淨土莊嚴   이십사락 장엄한곳

삼십종익공덕장엄   삼십가지 공덕으로
三十種益功德莊嚴   빠짐없이 장엄한곳

미타인행 사십팔원
彌陀因行 四十八願

악취무명원   나쁜곳의
惡趣無名願   이름없고

무타악도원   나쁜길에
無墮惡道願   타락없고

동진금색원 同眞金色願	모두같이 금색으로
형모무차원 形貌無差願	한결같은 모습이라
성취숙명원 成就宿命願	숙명통을 성취하고
생획천안원 生獲天眼願	천안통을 성취하며
생획천이원 生獲天耳願	천이통을 성취하고
실지심행원 悉知心行願	타심통을 얻어지다
신족초월원 神足超越願	신족통을 뛰어넘어
정무아상원 淨無我想願	아상마저 없게하고
결정정각원 決定正覺願	결정코— 정각얻어
광명보조원 光明普照願	온세계를 비치리니
수량무궁원 壽量無窮願	한량없는 명을얻고
성문무수원 聲聞無數願	성문또한 무수하고
중생장수원 衆生長壽願	중생들도 장수하고
개획선명원 皆獲善名願	착한이름 얻어지다

제불칭찬원 諸佛稱讚願	부처님들 칭찬하고
십념왕생원 十念往生願	십념으로 왕생하되
임종현전원 臨終現前願	임종시엔 성현뵙고
회향개생원 回向皆生願	공덕회향 하여지다
구족묘상원 具足妙相願	묘한상호 구족하고
함계보처원 咸階補處願	모두함께 보처되어
신공타방원 晨供他方願	아침마다 불공하고
소수만족원 所須滿足願	소원성취 이루리다
선입본지원 善入本智願	근본지혜 깨달아서
나라연력원 那羅延力願	나라연력 이루고서
장엄무량원 莊嚴無量願	한량없는 장엄들과
보수실지원 寶樹悉知願	보배나무 모두알리
획승변재원 獲勝辯才願	뛰어난- 말재주와
대변무변원 大辯無邊願	훌륭한- 변재로서

국정보조원 國淨普照願	청정국토 두루비춰
무량승음원 無量勝音願	거룩한음 이뤄지다
몽광안락원 蒙光安樂願	지혜로서 안락얻고
성취총지원 成就總持願	총지를— 성취하여
영리여신원 永離女身願	여자몸을 아주벗고
문명지과원 聞名至果願	불명듣고 과보얻고
천인경례원 天人敬禮願	천인들이 경례하고
수의수념원 須衣隨念願	생각따라 옷을입고
재생심정원 纔生心淨願	마음들이 깨끗하여
수현불찰원 樹現佛刹願	나무마다 부처로세
무제근결원 無諸根缺願	육근문을 구족하고
현증등지원 現證等持願	현생에서 등지얻고
문생호귀원 聞生豪貴願	듣는이는 호귀하고
구족선근원 具足善根願	착한근을 구족하며

공불견고원 供佛堅固願	불공심이 견고하고
욕문자문원 欲聞自聞願	듣고픈일 마음대로
보리무퇴원 菩提無退願	깨닫는맘 한결같아
현획인지원 現獲忍地願	인지를— 얻어지다

제불보살십종대은
諸佛菩薩十種大恩

발심보피은 發心普被恩	깨닫는맘 널리편은
난행고행은 難行苦行恩	어려운일 실천한은
일향위타은 一向爲他恩	한결같이 이익준은
수형육도은 隨形六途恩	모양따라 나투신은
수축중생은 隨逐衆生恩	중생심을 따라준은
대비심중은 大悲深重恩	대비로서 구제한은
은승창열은 隱勝彰劣恩	어리석음 깨쳐준은
위실시권은 爲實示權恩	방편으로 나투신은
시멸생선은 示滅生善恩	죽음으로 보인선은

비렴무진은 　　　　　　　　　　가엾은맘
悲念無盡恩 　　　　　　　　　　끝없는은

보현보살십종대원
普賢菩薩十種大願

예경제불원 禮敬諸佛願	부처님께 예경하고
칭찬여래원 稱讚如來願	여래들을 칭찬하고
광수공양원 廣修供養願	널리닦아 공양하고
참제업장원 懺除業障願	나쁜업장 참회하고
수희공덕원 隨喜功德願	공덕을— 즐겨딸코
청전법륜원 請轉法輪願	전법륜을 간청하고
청불주세원 請佛住世願	오래살기 권청하고
상수불학원 常隨佛學願	부처따라 법배우고
항순중생원 恒順衆生願	중생따라 제도하고
보개회향원 普皆廻向願	함께회향 하여지다

석가여래팔상성도
釋迦如來八相成道

도솔내의상　　　　　　　　도솔천서
兜率來儀相　　　　　　　　　내려오서

비람강생상　　　　　　　　룸비니서
毘藍降生相　　　　　　　　　탄생하고

사문유관상　　　　　　　　궁중네문
四門遊觀相　　　　　　　　　구경하고

유성출가상　　　　　　　　성을넘어
踰城出家相　　　　　　　　　출가하여

설산수도상　　　　　　　　설산에서
雪山修道相　　　　　　　　　수도하여

수하항마상　　　　　　　　마군중을
樹下降魔相　　　　　　　　　항복받고

녹원전법상　　　　　　　　녹야원서
鹿苑轉法相　　　　　　　　　법전하고

쌍림열반상　　　　　　　　쌍림에서
雙林涅槃相　　　　　　　　　열반했네

다생부모십종대은
多生父母十種大恩

회탐수호은　　　　　　　　태에실어
懷耽守護恩　　　　　　　　　보호한은

임산수고은　　　　　　　　해산할때
臨産受苦恩　　　　　　　　　고통한은

생자망우은　　　　　　　　아기낳고
生子忘憂恩　　　　　　　　　안심한은

연고토감은　　　　　　　　쓴것먹고
咽苦吐甘恩　　　　　　　　　단것준은

회간취습은 廻乾就濕恩 　　젖은자리 갈아준은

유포양육은 乳哺養育恩 　　젖먹여서 양육한은

세탁부정은 洗濯不淨恩 　　똥오줌을 가려준은

원행억념은 遠行憶念恩 　　먼길간후 근심한은

위조악업은 爲造惡業恩 　　자식위해 죄를진은

구경연민은 究竟憐愍恩 　　한결같이 사랑한은

오종대은명심불망
五種大恩銘心不忘

각안기소국왕지은 各安其所國王之恩 　　곳곳마다 편안하게 살림살이 국왕의은

생양구로부모지은 生養劬勞父母之恩 　　나서길러 사람만든 부모님의 크신은혜

유통정법사장지은 流通正法師長之恩 　　바른법을 유통하여 대대전한 스승의은

사사공양단월지은 四事供養檀越之恩 　　음식의복 와구탕약 베풀어준 시주은혜

탁마상성붕우지은 琢磨相成朋友之恩 　　서로쪼고 가르쳐서 인격형성 붕우의은

당가위보유차염불 當可爲報唯此念佛 　　이큰은혜 갚으려면 염불함이 제일이라

고성염불십종공덕
高聲念佛十種功德

일자공덕능배수면　　　　　　　　　일자공덕
一者功德能排睡眠　　　　　　　　　능배수면

이자공덕천마경포　　　　　　　　　이자공덕
二者功德天魔驚怖　　　　　　　　　천마경포

삼자공덕성변시방　　　　　　　　　삼자공덕
三者功德聲邊十方　　　　　　　　　성변시방

사자공덕삼도식고　　　　　　　　　사자공덕
四者功德三途息苦　　　　　　　　　삼도식고

오자공덕외성불입　　　　　　　　　오자공덕
五者功德外聲不入　　　　　　　　　외성불입

육자공덕념심불산　　　　　　　　　육자공덕
六者功德念心不散　　　　　　　　　염심불산

칠자공덕용맹정진　　　　　　　　　칠자공덕
七者功德勇猛精進　　　　　　　　　용맹정진

팔자공덕제불환희　　　　　　　　　팔자공덕
八者功德諸佛歡喜　　　　　　　　　제불환희

구자공덕삼매현전　　　　　　　　　구자공덕
九者功德三昧現前　　　　　　　　　삼매현전

십자공덕왕생정토　　　　　　　　　십자공덕
十者功德往生淨土　　　　　　　　　왕생정토

청산첩첩미타굴　　　　　　　　　깊고깊은 푸른산은
青山疊疊彌陀屈　　　　　　　　　아미타불 전당이요

창해망망적멸궁　　　　　　　　　넓고넓은 푸른바다
滄海茫茫寂滅宮　　　　　　　　　부처님의 궁전일세

물물염래무가애　　　　　　　　　물과물을 잡아옴에
物物拈來無罣碍　　　　　　　　　걸림없이 대한다면

기간송정학두홍 幾 看 松 亭 鶴 頭 紅	푸른숲- 정자에서 붉은학을 보리로다
극락당전만월용 極 樂 堂 前 滿 月 容	극락세계 아미타불 십오둥근 달빛이요
옥호금색조허공 玉 毫 金 色 照 虛 空	백호금빛 찬란한몸 우주비쳐 끝이없네
약인일념칭명호 若 人 一 念 稱 名 號	누구든지 일념으로 그이름을 부르면은
경각원성무량공 頃 刻 圓 成 無 量 功	잠깐사이 깨달아서 무량공을 이룬다네
삼계유여급정륜 三 界 猶 如 汲 井 輪	삼계고해 윤회하기 물도르레 돌듯하며
백천만겁역미진 百 千 萬 劫 歷 微 塵	백겁천겁 수만겁을 끝이없이 돌고도네
차신불향금생도 此 身 不 向 今 生 度	이생에서 이몸으로 성불하지 못한다면
갱대하생도차신 更 待 何 生 度 此 身	어느때를 기다려서 이몸제도 하오리까
천상천하무여불 天 上 天 下 無 如 佛	하늘이나 땅에서나 오직홀로 높으신이
시방세계역무비 十 方 世 界 亦 無 比	시방세계 다보아도 비교할자 바이없네
세간소유아진견 世 間 所 有 我 盡 見	일체세간 모든것을 남김없이 살펴봐도
일체무유여불자 一 切 無 有 如 佛 者	우리부처 세존만큼 거룩한이 없으시네
찰진심념가수지 刹 塵 心 念 可 數 知	온세계의 티끌들을 남김없이 헤어알고

대해중수가음진 大海中水可飮盡	바다속의 많은물을 남김없이 다마시고
허공가량풍가계 虛空可量風可繫	허공세계 가늠하고 부는바람 묶은자도
무능진설불공덕 無能盡說佛功德	부처님의 공덕만은 다말하지 못한다네
가사정대경진겁 假使頂戴經塵劫	가사경을 높이이고 티끌겁을 경유하고
신위상좌변삼천 身爲牀座徧三千	이몸으로 법상지어 대천세계 다덮어도
약불전법도중생 若不傳法度衆生	부처님법 전치않고 중생제도 아니하면
필경무능보은자 畢竟無能報恩者	어떻게도 부처님은 갚을길이 없다네—
아차보현수승행 我此普賢殊勝行	내가이제 보현보살 거룩하신 행원으로
무변승복개회향 無邊勝福皆回向	가이없고 끝이없는 드높은복 회향하고
보원침익제중생 普願沈溺諸衆生	고통에든 모든중생 빠짐없이 구제하여
속왕무량광불찰 速往無量光佛刹	아미타불 극락국토 속히왕생 하고지고
아미타불재하방 阿彌陀佛在何方	아미타— 부처님이 어느곳에 계신가를
착득심두절막망 着得心頭切莫忘	마음속에 꼭붙들어 잊지말고 생각하되
염도념궁무념처 念到念窮無念處	생각생각 지극하여 무념처에 이르르면

육문상방자금광 六門常放紫金光	눈귀코혀 몸뜻에서 자금광을 발한다네
보화비진료망연 報化非眞了妄緣	보신화신 부처님은 진짜부처 아니시고
법신청정광무변 法身淸淨廣無邊	법신만이 청정하여 영원무궁 하느니라
천강유수천강월 千江有水千江月	천강에— 물있으면 천강에— 달이뜨고
만리무운만리천 萬里無雲萬里天	만리에— 구름없으면 만리가 하늘이네
원공법계제중생 願共法界諸衆生	원하노니 법계있는 모든중생 중생들이
동입미타대원해 同入彌陀大願海	모두함께 아미타불 대원해에 들어가서
진미래제도중생 盡未來際度衆生	미래제가 다하도록 무량중생 제도하여
자타일시성불도 自他一時成佛道	너나없이 모두같이 함께성불 하여지다

나무 서방정토 극락세계 삼
南無 西方淨土 極樂世界 三

서방정토
극락세계

십육만억　일십일만　구천오　　　　삼십육만억
十六萬億　一十一萬　九千五　　　　일십일만

백　동명동　　　　　　　　　　　　구천오백
百　同名同　　　　　　　　　　　　동명동호

호　대자대비　아미타불　　　　　　대자대비 아미타
號　大慈大悲　阿彌陀佛　　　　　　부처님께 귀의합니다.

나무서방정토　극락세계　불　　　　서방정토 극락세계
南無西方淨土　極樂世界　佛　　　　거룩하신 아미타불

신장광　상호무변　금색광명　　　　삼십이상
身長廣　相好無邊　金色光明　　　　팔십종호

변조법계　사십팔원　도탈중　　　　금색광명 널리비춰
遍照法界　四十八願　度脫衆　　　　사십팔원 원력으로

생　불가설　불가설전　불가설　　　법계중생
生　不可說　不可說轉　不可說　　　제도하는

항하사　불찰미진수　도마죽　　　　티끌같은
恒河沙　佛刹微塵數　稻麻竹　　　　부처님들

위　무한극수　삼백육십만억　　　　도마죽위 무한극수
葦　無限極數　三百六十萬億　　　　삼백육십만억

일십일만　구천오백　동명동　　　　일십일만 구천오백
一十一萬　九千五百　同名同　　　　동명동호

호　대자대비　아등도사　금색　　　　대자대비
號　大慈大悲　我等導師　金色　　　　아등도사·금색여래

여래　아미타불　　　　　　　　　　　아미타부처님께
如來　阿彌陀佛　　　　　　　　　　　귀의합니다.

나무무견정상상　　　　　　　　　　무견정상상
南無無見頂上相

나무아미타불　　　　　　　　　　　아미타부처님께
南無阿彌陀佛　　　　　　　　　　　귀의합니다.

나무정상육계상 南無頂上肉髻相	정상육계상 아미타 부처님께 귀의합니다.
아미타불 阿彌陀佛	
나무발감유리상 南無髮紺琉離相	발감유리상 아미타 부처님께 귀의합니다.
아미타불 阿彌陀佛	
나무미간백호상 南無眉間白毫相	미간백호상 아미타 부처님께 귀의합니다.
아미타불 阿彌陀佛	
나무미세수양상 南無眉細垂楊相	미세수양상 아미타 부처님께 귀의합니다.
아미타불 阿彌陀佛	
나무안목청정상 南無眼目淸淨相	안목청정상 아미타 부처님께 귀의합니다.
아미타불 阿彌陀佛	
나무이문제성상 南無耳聞諸聖相	이문제성상 아미타 부처님께 귀의합니다.
아미타불 阿彌陀佛	
나무비고원직상 南無鼻高圓直相	비고원직상 아미타 부처님께 귀의합니다.
아미타불 阿彌陀佛	

나무설대법라상 南無舌大法螺相	설대법라상
아미타불 阿彌陀佛	아미타 부처님께 귀의합니다.
나무신색진금상 南無身色眞金相	신색진금상
아미타불 阿彌陀佛	아미타 부처님께 귀의합니다.
나무문수보살 南無文殊菩薩	문수보살님께 귀의합니다.
나무보현보살 南無普賢菩薩	보현보살님께 귀의합니다.
나무관세음보살 南無觀世音菩薩	관세음보살님께 귀의합니다.
나무대세지보살 南無大勢至菩薩	대세지보살님께 귀의합니다.
나무금강장보살 南無金剛藏菩薩	금강장보살님께 귀의합니다.
나무제장애보살 南無除障碍菩薩	제장애보살님께 귀의합니다.
나무미륵보살 南無彌勒菩薩	미륵보살님께 귀의합니다.
나무지장보살 南無地藏菩薩	지장보살님께 귀의합니다.
나무일체청정대해중보살마 南無一切淸淨大海衆菩薩摩	일체청정대해중 보살님과
하살 訶薩	모든 큰 보살님께 귀의합니다.

원공법계제중생 願共法界諸衆生	원하오니 법계중생 모두함께 극락가서
동입미타대원해 同入彌陀大願海	아미타불 대원해에 들어가기 원합니다.
시방삼세불 十方三世佛	시방삼세 부처님중
아미타제일 阿彌陀第一	제일가는 아미타불
구품도중생 九品度衆生	구품으로 중생제도
위덕무궁극 威德無窮極	위덕또한 무극하네
아금대귀의 我今大歸依	내가이제 귀의하여
참회삼업죄 懺悔三業罪	삼업죄를 참회하고
범유제복선 凡有諸福善	모든복과 선행모아
지심용회향 至心用廻向	지심으로 회향하니
원동염불인 願同念佛人	염불하는 모든사람
진생극락국 盡生極樂國	모두함께 극락가서
견불료생사 見佛了生死	부처뵙고 생사마쳐
여불도일체 如佛度一切	중생제도 같이하리

원아임욕명종시
願我臨欲命終時

내가이제 목숨다해
이세상을 하직하면

진제일체제장애
盡除一切諸障碍

모든장애 남김없이
씻은듯이 없어지고

면견피불아미타
面見彼佛阿彌陀

아미타불 극락국토
왕생하여 친히뵙고

직득생생안락찰
卽得往生安樂刹

한량없는 명과복을
끝이없이 누려지다

원이차공덕
願以此功德

원컨대—
이공덕이

보급어일체
普及於一切

널리일체
두루미쳐

아등여중생
我等與衆生

나와또한
모든중생

당생극락국
當生極樂國

극락세계
태어나서

동견무량수
同見無量壽

아미타불
친히뵙고

개공성불도
皆共成佛道

함께성불
하여지다

원왕생 원왕생
願往生 願往生

극락가기 원합니다
극락가기 원합니다

원생극락견미타
願生極樂見彌陀

극락가서
미타뵙고

획몽마정수기별
獲蒙摩頂受記別

수기받기
원합니다.

원왕생 원왕생
願往生 願往生

극락가기 원합니다
극락가기 원합니다

원재미타회중좌 願在彌陀會中坐	극락가서 꽃향으로
수집향화상공양 手執香華常供養	공양하기 원합니다.
원왕생 원왕생 願往生 願往生	극락가기 원합니다 극락가기 원합니다
원생화장연화계 願生華藏蓮華界	극락가서 연꽃속에
자타일시성불도 自他一時成佛道	성불하기 원합니다.

(3) 정토업(淨土業)

무량수불설왕생정토주
無量壽佛說往生淨土呪

나무 아미다바야 다타가다야 다디야타 아미리 도바비아미
南無 阿彌多婆夜 多他加多夜 多地夜他 阿彌利 都婆毘阿彌

리다 싯담바비 아미리다 비가란제 아미리다 비가란다가미
利多 悉耽婆毘 阿彌利多 毘迦蘭帝 阿彌利多 毘迦蘭多伽彌

니 가가나 깃다가례 사바하
尼 伽伽那 枳多伽隸 娑婆訶

결정왕생 정토진언
決定往生 淨土眞言

나무 사만다 못다남 옴 아마리 다바폐
南無 三滿多 沒多喃 唵 阿摩里 但婆弊

사바하
婆訶

상품상생진언
上品上生眞言

옴 마리다리 훔훔바탁 사바하
唵 摩里多里 吽吽發吒 莎訶

아미타불본심미묘 진언
阿彌陀佛本心微妙 眞言

다냐타 옴 아리다라 사바하
但也陀 唵 我里多羅 莎訶

아미타불심중심주
阿彌陀佛心中心呪

옴 노계새바라 라아하릭
唵 路計濕縛羅 羅㐖訖里

무량수여래심주
無量壽如來心呪

옴 아마리다 제체 하라 훔
唵 阿密栗多 帝際 賀羅 吽

무량수여래 근본다라니
無量壽如來 根本陀羅尼

나모라 다나다라 야야 나막알야 아미 다바야 다타아다야
喃謨羅 但羅多羅 夜野 那莫阿栗野 阿彌 多婆耶 但他我多夜

알하제 삼먁삼못다야 다냐타 옴 아마리제 아마리도 나바베
謁賀帝 三藐三沒多耶 但也他 唵 阿密栗帝 阿密栗妒 納婆吠

아마리다 삼바베 아마리다 알베 아마리다 싯제 아마리다
阿密栗多 三婆吠 阿密栗多 謁吠 阿密栗多 悉帝 阿密里多

제체 아마리다 미가란제 아마리다 미가란다 아미니 아마리
帝際 阿密里多 尾乞蘭帝 阿密栗多 尾乞蘭多 我尾乞 阿密里

다 아아야 나비가례 아마리다 낭노비 사바례 살발타 사다
多 我我野 曩比迦隷 阿密里多 能勞鼻 娑縛隷 薩縛他 娑多

니 살바갈마 가로삭사 염가례 사바하
尼 薩縛羯摩 迦路捨乞灑 念迦隷 娑縛訶

답살무죄진언
踏殺無罪眞言

옴 이제리니 사바하
唵 尼帝里尼 娑縛訶

해원결진언
解寃結眞言

옴 삼다라 가닥 사바하
唵 三多羅 加多 娑縛訶

발보리심진언
發菩提心眞言

옴 모지짓다 못다 바나야 믹
唵 母地卽多 沒但 縛那野 弭

보시주은진언
報施主恩眞言

옴 아리야 승하 사바하
唵 我里耶 僧訶 娑縛訶

보부모은중진언
報父母恩重眞言

옴 아아나 사바하
唵 我我那 娑縛訶

선망부모 왕생정토진언
先亡父母 往生淨土眞言

나모 삼만다 못나남 옴 숫제유리사바하
那謨 三滿多 沒多南 唵 述帝律里娑婆訶

문수보살법인능소정업주
文殊菩薩法印能消定業呪

옴 바계타 나막 사바하
唵 婆戒陀 那莫 娑縛訶

보현보살멸죄주
普賢菩薩滅罪呪

지바닥 비니바닥 오소바닥 카혜 카혜
支波啄 毘尼波啄 嗚蘇波啄 佉惠 佉惠

관세음보살멸업장진언
觀世音菩薩滅業障眞言

옴 아로륵계 사바하
唵 阿盧勒繼 娑縛訶

지장보살멸정업진언
地藏菩薩滅定業眞言

옴 바리 마리다니 사바하
唵 婆羅 摩里多尼 娑縛訶

대원성취진언
大願成就眞言

옴 아모카 살바다라 사다야 시베 훔
唵 阿慕伽 薩婆怛羅 舍陀野 始弊 吽

보궐진언
補闕眞言

옴 호로호로 사야모케 사바하
唵 虎魯虎魯 娑野慕契 娑縛訶

보회향진언
普回向眞言

옴 사마라 사마라 미만나 사라마하 자가라바 훔
唵 娑摩羅 娑摩羅 彌滿摩 娑羅摩訶 左乞羅縛 吽

계수서방안락찰 稽首西方安樂刹	서방정토 극락세계 접인중생 하옵시는
접인중생대도사 接引衆生大導師	아미타– 부처님께 머리숙여 예배하며
아금발원원왕생 我今發願願往生	내가이제 극락가기 지성으로 발원하니
유원자비애섭수 唯願慈悲哀攝受	자비하신 원력으로 굽어살펴 주옵소서
고아일심귀명정례 故我一心歸命頂禮	한맘함께 기울여서 머리숙여 절합니다.

7. 정근(精勤)

※ 정근은 관음정근 하나만 소개하겠다.

관음정근
觀音精勤

나무 원통교주 관세음보살(절) 南無 圓通敎主 觀世音菩薩	한마음 함께 기울여서 원통교주 관세음보살님께 귀의합니다. (절)
나무 도량교주 관세음보살(절) 南無 道場敎主 觀世音菩薩	한마음 함께 기울여서 도량교주 관세음보살님께 귀의합니다. (절)
나무 원통회상 불보살(절) 南無 圓通會上 佛菩薩	한마음 함께 기울여서 원통회상 불보살님께 귀의합니다. (절)
나무 보문 시현 원력 홍심 南無 普門 示現 願力 弘深	나무 보문 시현 원력 홍심
대자 대비 관세음보살 大慈 大悲 觀世音菩薩	대자 대비 관세음보살(로 시작하여)
"관세음보살"(계속하다가 끝마칠때) 觀世音菩薩	"관세음보살" (계속하다가 끝마칠때)
관세음보살 멸업장진언 觀世音菩薩 滅業障眞言	관세음보살 멸업장진언
옴 아로륵계 사바하(3·7번) 唵 阿盧勒繼 娑婆詞	옴 아로륵계 사바하 (3·7번)
구족신통력 具足神通力	신통력을 구족하고
광수지방편 廣修智方便	널리 지혜와 방편을 닦아

시방제국토   시방의—
十方諸國土   모든국토에

무찰불현신   몸을
無刹不現身   나타내시므로

고아일심귀명정례(반절)   머리숙여
故我一心歸命頂禮   절합니다. (반절)

원멸사생육도   원컨데—
願滅四生六途   사생육도

법계유정다겁생래죄업장   법계의— 유정들이
法界有情多劫生來罪業障   다겁생래 지은업을

아금참회계수례   모두참회 하오면서
我今懺悔稽首禮   머리숙여 절하오니

원죄제장실소재   모든죄장 소멸하고
願罪諸障悉消除   태어나는 곳곳마다

세세상행보살도   어느때고 보살도를
世世常行菩薩道   항상닦게 하옵소서

원이차공덕   원컨대—
願以此功德   이공덕이

보급어일체   널리일체
普及於一切   두루하여

아등여중생   나와또한
我等與衆生   모든중생

당생극락국   극락세계
當生極樂國   태어나서

동견무량수   아미타불
同見無量壽   친히뵙고

개공성불도(반절)   함께성불
皆共成佛道   하여지다

8. 백팔참회(百八懺悔)

① 대자대비민중생
　大慈大悲愍衆生
대희대사제함식
大喜大捨濟含識
상호광명이자엄
相好光明以自嚴
중등지심귀명례(절)
衆等至心歸命禮

　② 지심귀명례 금강상사(절)
　　至心歸命禮 金剛上師

　③ 지심귀명례 귀의불 귀
　　至心歸命禮 歸依佛 歸
의법 귀의승(절)
依法 歸依僧

　④ 아금발심 불위자구 인
　　我今發心 不爲自求 人
천복보 성문연각 내지권승
天福報 聲聞緣覺 乃至權乘
제위보살 유의 최상승 발보
諸位菩薩 唯依 最上乘 發菩
리심 원여법계중생 일시동
提心 願與法界衆生 一時同
득아뇩다라삼먁삼보리
得阿耨多羅三藐三菩提

　⑤ 지심귀명례 시방 진허
　　至心歸命禮 十方 盡虛

① 대자대비로서
중생들을 어여삐 여기시고
대희대사 베푸시어
제도하시며
거룩하신 지혜덕상
장엄하시니
저희들이
지성으로 예배합니다.(절)

② 한마음 함께 기울여서
금강상사님께 예배합니다.(절)

③ 한마음 함께 기울여서
거룩하신 삼보님께
예배합니다.(절)

④ 저희들이 지금 발심함은
제 스스로 복을 얻거나
천상에 나거나
성문 연각 보살지위를
구하는 것이 아니고
오직 최상승을 의지하여
무상보리 이룩하기 위해서니
시방세계 모든 중생이 모두 함께
불도를 이루기 원합니다.(절)

⑤ 한마음 함께
　　기울여서

공계 일체제불(절)
空界 一切諸佛

⑥ 지심귀명례 시방 진허
　至心歸命禮 十方 盡虛

공계 일체존법(절)
空界 一切尊法

⑦ 지심귀명례 시방 진허
　至心歸命禮 十方 盡虛

공계 일체현성승(절)
空界 一切賢聖僧

⑧ 지심귀명례 여래 응공
　至心歸命禮 如來 應供

정변지 명행족 선서 세간해
正徧知 明行足 善逝 世間解

무상사 조어장부 천인사 불
無上士 調御丈夫 天人師 佛

세존(절)
世尊

⑨ 지심귀명례 보광불(절)
　至心歸命禮 普光佛

⑩ 지심귀명례 보명불(절)
　至心歸命禮 普明佛

⑪ 지심귀명례 보정불(절)
　至心歸命禮 普淨佛

⑫ 지심귀명례 다마라전
　至心歸命禮 多摩羅旃

단향불(절)
檀香佛

시방삼세 항상 계신
부처님께 예배합니다. (절)

⑥ 한마음 함께
　　기울여서
시방삼세 항상 계신
법보님께 예배합니다. (절)

⑦ 한마음 함께
　　기울여서
시방삼세 항상 계신
승가님께 예배합니다. (절)

⑧ 한마음 함께
　　기울여서
여래 응공 정변지 명행족
선서 세간해 무상사
조어장부 천인사 불세존님께
예배합니다. (절)

⑨ 한마음 함께 기울여서
보광부처님께 예배합니다. (절)

⑩ 한마음 함께 기울여서
보명부처님께 예배합니다. (절)

⑪ 한마음 함께 기울여서
보정부처님께 예배합니다. (절)

⑫ 한마음 함께
　　기울여서
다마라전단향부처님께
예배합니다. (절)

⑬ **지심귀명례 전단광불**(절)
　　至心歸命禮　栴檀光佛

⑭ **지심귀명례 마니당불**(절)
　　至心歸命禮　摩尼幢佛

⑮ **지심귀명례　환희장마**
　　至心歸命禮　歡喜藏摩
니보적불(절)
尼寶積佛

⑯ **지심귀명례　일체세간**
　　至心歸命禮　一切世間
락견상 대정진불(절)
樂見上　大精進佛

⑰ **지심귀명례　마니당등**
　　至心歸命禮　摩尼幢燈
광불(절)
光佛

⑱ **지심귀명례 혜거조불**(절)
　　至心歸命禮　慧炬照佛

⑲ **지심귀명례　해덕광명**
　　至心歸命禮　海德光明
불(절)
佛

⑳ **지심귀명례　금강뢰강**
　　至心歸命禮　金剛牢強
보산금광불(절)
普散金光佛

㉑ **지심귀명례　대강정진**
　　至心歸命禮　大強精進

⑬ 한마음 함께 기울여서
전단광부처님께 예배합니다. (절)

⑭ 한마음 함께 기울여서
마니당부처님께 예배합니다. (절)

⑮ 한마음 함께
　　기울여서
환희장마니보적부처님께
예배합니다. (절)

⑯ 한마음 함께
　　기울여서
일체세간락견상대정진부처님께
예배합니다. (절)

⑰ 한마음 함께
　　기울여서
마니당등광부처님께
예배합니다. (절)

⑱ 한마음 함께 기울여서
혜거조부처님께 예배합니다. (절)

⑲ 한마음 함께
　　기울여서
해덕광명부처님께
예배합니다. (절)

⑳ 한마음 함께
　　기울여서
금강뢰강보산금광부처님께
예배합니다. (절)

㉑ 한마음 함께
　　기울여서

용맹불(절)
勇猛佛

대강정진용맹광부처님께
예배합니다. (절)

㉒ **지심귀명례 대비광불**(절)
至心歸命禮 大悲光佛

㉒ 한마음 함께 기울여서
대비광부처님께 예배합니다. (절)

㉓ **지심귀명례 자력왕불**(절)
至心歸命禮 慈力王佛

㉓ 한마음 함께 기울여서
자력왕부처님께 예배합니다. (절)

㉔ **지심귀명례 자장불**(절)
至心歸命禮 慈藏佛

㉔ 한마음 함께 기울여서
자장부처님께 예배합니다. (절)

㉕ **지심귀명례 전단굴장**
至心歸命禮 栴檀窟莊

㉕ 한마음 함께
　　기울여서
전단굴장엄승부처님께
예배합니다. (절)

엄승불(절)
嚴勝佛

㉖ **지심귀명례 현선수불**(절)
至心歸命禮 賢善首佛

㉖ 한마음 함께 기울여서
현선수부처님께 예배합니다. (절)

㉗ **지심귀명례 선의불**(절)
至心歸命禮 善意佛

㉗ 한마음 함께 기울여서
선의부처님께 예배합니다. (절)

㉘ **지심귀명례 광장엄왕**
至心歸命禮 廣莊嚴王

㉘ 한마음 함께
　　기울여서
광장엄왕부처님께
예배합니다. (절)

불(절)
佛

㉙ **지심귀명례 금화광불**(절)
至心歸命禮 金華光佛

㉙ 한마음 함께 기울여서
금화광부처님께 예배합니다. (절)

㉚ **지심귀명례 보개조공**
至心歸命禮 寶蓋照空

㉚ 한마음 함께
　　기울여서
보개조공자재력왕부처님께
예배합니다. (절)

자재력왕불(절)
自在力王佛

㉛ **지심귀명례 허공보화**
至心歸命禮 虛空寶華

㉛ 한마음 함께
　　기울여서

광불(절)
光佛

㉜ 지심귀명례 유리장엄
　　至心歸命禮　琉璃莊嚴

왕불(절)
王佛

㉝ 지심귀명례 보현색신
　　至心歸命禮　普現色身

광불(절)
光佛

㉞ 지심귀명례 부동지광
　　至心歸命禮　不動智光

불(절)
佛

㉟ 지심귀명례 항복중마
　　至心歸命禮　降伏衆魔

왕불(절)
王佛

㊱ 지심귀명례 재광명불(절)
　　至心歸命禮　才光明佛

㊲ 지심귀명례 지혜승불(절)
　　至心歸命禮　智慧勝佛

㊳ 지심귀명례 미륵선광
　　至心歸命禮　彌勒仙光

불(절)
佛

㊴ 지심귀명례 선적월음
　　至心歸命禮　善寂月音

허공보화광부처님께 예배합니다. (절)

㉜ 한마음 함께
　　기울여서
유리장엄왕부처님께 예배합니다. (절)

㉝ 한마음 함께
　　기울여서
보현색신광부처님께 예배합니다. (절)

㉞ 한마음 함께
　　기울여서
부동지광부처님께 예배합니다. (절)

㉟ 한마음 함께
　　기울여서
항복중마왕부처님께 예배합니다. (절)

㊱ 한마음 함께 기울여서
재광명부처님께 예배합니다. (절)

㊲ 한마음 함께 기울여서
지혜승부처님께 예배합니다. (절)

㊳ 한마음 함께
　　기울여서
미륵선광부처님께 예배합니다. (절)

㊴ 한마음 함께
　　기울여서

묘존지왕불(절)
妙尊智王佛

선적월음묘존지왕부처님께
예배합니다. (절)

㊵ 지심귀명례 세정광불(절)
　　至心歸命禮 世淨光佛

㊵ 한마음 함께 기울여서
세정광부처님께 예배합니다. (절)

㊶ 지심귀명례 용종상존
　　至心歸命禮 龍種上尊

㊶ 한마음 함께
　　기울여서
용종상존왕부처님께 예배합니다. (절)

왕불(절)
王佛

㊷ 지심귀명례 일월광불(절)
　　至心歸命禮 日月光佛

㊷ 한마음 함께 기울여서
일월광부처님께 예배합니다. (절)

㊸ 지심귀명례 일월주광
　　至心歸命禮 日月珠光

㊸ 한마음 함께 기울여서
일월주광부처님께
예배합니다. (절)

불(절)
佛

㊹ 지심귀명례 혜당승왕
　　至心歸命禮 慧幢勝王

㊹ 한마음 함께
　　기울여서
혜당승왕부처님께
예배합니다. (절)

불(절)
佛

㊺ 지심귀명례 사자후자
　　至心歸命禮 獅子吼自

㊺ 한마음 함께
　　기울여서
사자후자재력왕부처님께
예배합니다. (절)

재력왕불(절)
在力王佛

㊻ 지심귀명례 묘음승불(절)
　　至心歸命禮 妙音勝佛

㊻ 한마음 함께 기울여서
묘음승부처님께 예배합니다. (절)

㊼ 지심귀명례 상광당불(절)
　　至心歸命禮 常光幢佛

㊼ 한마음 함께 기울여서
상광당부처님께 예배합니다. (절)

㊽ 지심귀명례 관세등불(절)
　　至心歸命禮 觀世燈佛

㊽ 한마음 함께 기울여서
관세등부처님께 예배합니다. (절)

⑭⑨ 지심귀명례 혜위등왕불(절)
至心歸命禮 慧威燈王佛

㊾ 한마음 함께 기울여서 혜위등왕부처님께 예배합니다. (절)

㊿ 지심귀명례 법승왕불(절)
至心歸命禮 法勝王佛

㊿ 한마음 함께 기울여서 법승왕부처님께 예배합니다. (절)

(51) 지심귀명례 수미광불(절)
至心歸命禮 須彌光佛

(51) 한마음 함께 기울여서 수미광부처님께 예배합니다. (절)

(52) 지심귀명례 수만나화광불(절)
至心歸命禮 須曼那華光佛

(52) 한마음 함께 기울여서 수만나화광부처님께 예배합니다. (절)

(53) 지심귀명례 우담발라화수승왕불(절)
至心歸命禮 優曇鉢羅華殊勝王佛

(53) 한마음 함께 기울여서 우담발라화수승왕부처님께 예배합니다. (절)

(54) 지심귀명례 대혜력왕불(절)
至心歸命禮 大慧力王佛

(54) 한마음 함께 기울여서 대혜력왕부처님께 예배합니다. (절)

(55) 지심귀명례 아촉비환희광불(절)
至心歸命禮 阿閦毘歡喜光佛

(55) 한마음 함께 기울여서 아촉비환희광부처님께 예배합니다. (절)

(56) 지심귀명례 무량음성왕불(절)
至心歸命禮 無量音聲王佛

(56) 한마음 함께 기울여서 무량음성왕부처님께 예배합니다. (절)

(57) 지심귀명례 재광불(절)
至心歸命禮 才光佛

(57) 한마음 함께 기울여서
재광부처님께 예배합니다. (절)

(58) 지심귀명례 금해광불(절)
至心歸命禮 金海光佛

(58) 한마음 함께 기울여서
금해광부처님께 예배합니다. (절)

(59) 지심귀명례 산해혜자재통왕불(절)
至心歸命禮 山海慧自在通王佛

(59) 한마음 함께 기울여서
산해혜자재통왕부처님께 예배합니다. (절)

(60) 지심귀명례 대통광불(절)
至心歸命禮 大通光佛

(60) 한마음 함께 기울여서
대통광부처님께 예배합니다. (절)

(61) 지심귀명례 일체법상만왕불(절)
至心歸命禮 一切法常滿王佛

(61) 한마음 함께 기울여서
일체법상만왕부처님께 예배합니다. (절)

(62) 지심귀명례 석가모니불(절)
至心歸命禮 釋迦牟尼佛

(62) 한마음 함께 기울여서
석가모니부처님께 예배합니다. (절)

(63) 지심귀명례 금강불괴불(절)
至心歸命禮 金剛不壞佛

(63) 한마음 함께 기울여서
금강불괴부처님께 예배합니다. (절)

(64) 지심귀명례 보광불(절)
至心歸命禮 寶光佛

(64) 한마음 함께 기울여서
보광부처님께 예배합니다. (절)

(65) 지심귀명례 용존왕불(절)
至心歸命禮 龍尊王佛

(65) 한마음 함께 기울여서
용존왕부처님께 예배합니다. (절)

(66) 지심귀명례 정진군불(절)
至心歸命禮 精進軍佛

(66) 한마음 함께 기울여서
정진군부처님께 예배합니다. (절)

㊻ **지심귀명례 정진희불**(절)
至心歸命禮 精進喜佛

㊻ 한마음 함께 기울여서
정진희부처님께 예배합니다. (절)

㊽ **지심귀명례 보화불**(절)
至心歸命禮 寶火佛

㊽ 한마음 함께 기울여서
보화부처님께 예배합니다. (절)

㊾ **지심귀명례 보월광불**(절)
至心歸命禮 寶月光佛

㊾ 한마음 함께 기울여서
보월광부처님께 예배합니다. (절)

㊀ **지심귀명례 현무우불**(절)
至心歸命禮 現無愚佛

㊀ 한마음 함께 기울여서
현무우부처님께 예배합니다. (절)

㊁ **지심귀명례 보월불**(절)
至心歸命禮 寶月佛

㊁ 한마음 함께 기울여서
보월부처님께 예배합니다. (절)

㊂ **지심귀명례 무구불**(절)
至心歸命禮 無垢佛

㊂ 한마음 함께 기울여서
무구부처님께 예배합니다. (절)

㊃ **지심귀명례 이구불**(절)
至心歸命禮 離垢佛

㊃ 한마음 함께 기울여서
이구부처님께 예배합니다. (절)

㊄ **지심귀명례 용시불**(절)
至心歸命禮 勇施佛

㊄ 한마음 함께 기울여서
용시부처님께 예배합니다. (절)

㊅ **지심귀명례 청정불**(절)
至心歸命禮 淸淨佛

㊅ 한마음 함께 기울여서
청정부처님께 예배합니다. (절)

㊆ **지심귀명례 청정시불**(절)
至心歸命禮 淸淨施佛

㊆ 한마음 함께 기울여서
청정시부처님께 예배합니다. (절)

㊆ **지심귀명례 사류나불**(절)
至心歸命禮 娑留那佛

㊆ 한마음 함께 기울여서
사류나부처님께 예배합니다. (절)

㊆ **지심귀명례 수천불**(절)
至心歸命禮 水天佛

㊆ 한마음 함께 기울여서
수천부처님께 예배합니다. (절)

㊆ **지심귀명례 견덕불**(절)
至心歸命禮 堅德佛

㊆ 한마음 함께 기울여서
견덕부처님께 예배합니다. (절)

㊆ **지심귀명례 전단공덕**
至心歸命禮 旃檀功德

㊆ 한마음 함께
기울여서

불(절)
佛

전단공덕부처님께
예배합니다. (절)

⑧1 지심귀명례 무량국광
至心歸命禮 無量掬光

불(절)
佛

⑧1 한마음 함께 기울여서
무량국광부처님께
예배합니다. (절)

⑧2 지심귀명례 광덕불(절)
至心歸命禮 光德佛

⑧2 한마음 함께 기울여서
광덕부처님께 예배합니다. (절)

⑧3 지심귀명례 무우덕불(절)
至心歸命禮 無憂德佛

⑧3 한마음 함께 기울여서
무우덕부처님께 예배합니다. (절)

⑧4 지심귀명례 나라연불(절)
至心歸命禮 那羅延佛

⑧4 한마음 함께 기울여서
나라연부처님께 예배합니다. (절)

⑧5 지심귀명례 공덕화불(절)
至心歸命禮 功德華佛

⑧5 한마음 함께 기울여서
공덕화부처님께 예배합니다. (절)

⑧6 지심귀명례 연화광유
至心歸命禮 蓮華光遊

희신통불(절)
戱神通佛

⑧6 한마음 함께 기울여서
연화광유희신통부처님께
예배합니다. (절)

⑧7 지심귀명례 재공덕불(절)
至心歸命禮 才功德佛

⑧7 한마음 함께 기울여서
재공덕부처님께 예배합니다. (절)

⑧8 지심귀명례 덕념불(절)
至心歸命禮 德念佛

⑧8 한마음 함께 기울여서
덕념부처님께 예배합니다. (절)

⑧9 지심귀명례 선명칭공
至心歸命禮 善名稱功

덕불(절)
德佛

⑧9 한마음 함께 기울여서
선명칭공덕부처님께
예배합니다. (절)

⑨0 지심귀명례 홍염제당
至心歸命禮 紅焰帝幢

⑨0 한마음 함께 기울여서

왕불(절)
王佛

㉑ **지심귀명례 선유보공**
至心歸命禮 善遊步功

덕불(절)
德佛

㉒ **지심귀명례 투전승불**(절)
至心歸命禮 鬪戰勝佛

㉓ **지심귀명례 선유보불**(절)
至心歸命禮 善遊步佛

㉔ **지심귀명례 주잡장엄**
至心歸命禮 周匝莊嚴

공덕불(절)
功德佛

㉕ **지심귀명례 보화유보**
至心歸命禮 寶華遊步

불(절)
佛

㉖ **지심귀명례 보련화선**
至心歸命禮 寶蓮華善

주사라수왕불(절)
住娑羅樹王佛

㉗ **지심귀명례 법계장신**
至心歸命禮 法界藏身

아미타불
阿彌陀佛

㉘ **여시등 일체세계 제불**
如是等 一切世界 諸佛

홍염당제왕부처님께
예배합니다.(절)

㉑ 한마음 함께
　　기울여서
선유보공덕부처님께
예배합니다.(절)

㉒ 한마음 함께 기울여서
투전승부처님께 예배합니다.(절)

㉓ 한마음 함께 기울여서
선유보부처님께 예배합니다.(절)

㉔ 한마음 함께
　　기울여서
주잡장엄공덕부처님께
예배합니다.(절)

㉕ 한마음 함께
　　기울여서
보화유보부처님께
예배합니다.(절)

㉖ 한마음 함께
　　기울여서
보련화선주사라수왕부처님께
예배합니다.(절)

㉗ 한마음 함께
　　기울여서
법계장신아미타부처님께
예배합니다.(절)

㉘ 이와같은 모든 세계 제불세존은
어느때나 중생들과 함께 하시니.

세존 상주재세 시제세존 당	저희들을 다시 살펴주소서.
世尊 常住在世 是諸世尊 當	저희들의 지난날을 생각하오면
자념아 약아차생 약아전생	이생으로부터
慈念我 若我此生 若我前生	전생에 이르기까지
종무시생사이래 소작중죄	시작없는 옛적부터 내려오면서
從無始生死以來 所作衆罪	지은죄가 한없으며
약자작 약교타작 견작수희	제스스로 짓기도 하고
若自作 若敎他作 見作隨喜	다른이를 시켜서 짓게도 하며
약탑약승 약사방승물 약자	탑전이나 삼보도량
若塔若僧 若四方僧物 若自	승물이나 사방승물 가림이 없이
취 약교타취 견취수희 오무	제것인양 함부로
取 若敎他取 見取隨喜 五無	갖기도 하고
간죄 약자작 약교타작 견작	무간지옥 떨어질
間罪 若自作 若敎他作 見作	오역중죄도
수희 십불선도 약자작 약교	남이짓는 십불선을 좋아했으며
隨喜 十不善道 若自作 若敎	제 스스로 혼자서 짓기도 하고
타작 견작수희 소작죄장 혹	나와 남이 어울려 짓기도 했으니
他作 見作隨喜 所作罪障 或	이와같은 모든 죄가 태산같으되
유부장 혹불부장 여시등 일	어떤것은 지금에도 생각에 남고
有覆藏 或不覆藏 如是等 一	어떤것은 아득하여 알 수 없으나
체세계 제불세존 상주재세	알든말든 지은죄에
切世界 諸佛世尊 常住在世	오는 과보는
응타지옥 아귀축생 제여악	지옥아귀 축생도나
應墮地獄 餓鬼畜生 諸餘惡	다른 악취나
취 변지하천 급멸려차 여시	변지하천 멸려차로
趣 邊地下賤 及滅捩車 如是	떨어지리니
등처 소작죄장 금개참회 (절)	제가이제 지성다해 부처님전에
等處 所作罪障 今皆懺悔	이와같은 모든 죄상 참회합니다.

㉟ 금제불세존　　당증지아
　　今諸佛世尊　　當證知我

당억념아　아부어제불세존전
當憶念我　我復於諸佛世尊前

작여시언　약아차생　약아여
作如是言　若我此生　若我餘

생　증행보시　혹수정계　내지
生　曾行布施　或守淨戒　乃至

시여축생　일단지식　혹수정
施與畜生　一段之食　或修淨

행　소유선근　성취중생　소유
行　所有善根　成就衆生　所有

선근　수행보리　소유선근　급
善根　修行菩提　所有善根　及

무상지　소유선근　일체합집
無上智　所有善根　一切合集

교계주량　개실회향　아뇩다
校計籌量　皆悉廻向　阿耨多

라삼먁삼보리　여과거미래
羅三藐三菩提　如過去未來

현재제불　소작회향　아역여
現在諸佛　所作廻向　我亦如

시회향　중죄개참회　제복진
是廻向　衆罪皆懺悔　諸福盡

수희　급청불공덕　원성무상
隨喜　及請佛功德　願成無上

지　거래현재불　어중생최승
智　去來現在佛　於衆生最勝

㉟ 이자리의 제불세존은
저희들의 온갖 일을 아시오니
대자비심 베푸시어 살펴주소서.
제가 다시 제불전에 아뢰옵니다.

저희들의 지나온
모든 세상에
보시공덕 지었거나
정계를 갖되
축생에게 먹이한입 준일로부터
청정범행 닦고 익힌 정행공덕과
중생들을 성취시킨
선근공덕과
무상보리 수행해온
수행공덕과
위 없는 큰지혜의 모든공덕도
모든것을 함께모아 요량하여서
남김없이 보리도에
회향하옵되
과거미래 현재의
부처님께서
지으신바 온갖공덕 회향하듯이
저도 또한 그와같이 회향합니다. (절)

제가 이제 모든죄상 참회하옵고
모든복덕 남김없이 수희하오며
부처님을 청해온 공덕으로써
무상지혜 이뤄지길 원하옵니다.

과거 미래 현재의 부처님들과
시방세계 다함없는 부처님들은

무량공덕해 아금귀명례(절)
無量功德海 我今歸命禮

⑩ 소유시방세계중 삼세
　　所有十方世界中 三世

일체인사자 아이청정신어의
一切人師子 我以淸淨身語意

일체변례진무여 보현행원위
一切遍禮盡無餘 普賢行願威

신력 보현일체여래전 일신
神力 普現一切如來前 一身

부현찰진신 일일변례찰진불(절)
復現刹塵身 一一遍禮刹塵佛

⑩ 어일진중진수불　　각처
　　於一塵中塵數佛　　各處

보살중회중 무진법계진역연
菩薩衆會中 無盡法界塵亦然

심신제불개충만 각이일체음
深信諸佛皆充滿 各以一切音

성해 보출무진묘언사 진어
聲海 普出無盡妙言詞 盡於

미래일체겁 찬불심심공덕해
未來一切劫 讚佛甚深功德海

보출무진묘언사(절)
普出無盡妙言辭

⑩ 이제최승묘화만　　기악
　　以諸最勝妙華鬘　　妓樂

도향급산개 여시최승장엄구
塗香及傘蓋 如是最勝莊嚴具

가이없고 한량없는 공덕바라다니
제가 이제 목숨바쳐 절하옵니다. (절)

⑩ 가없는 시방세계
　　그가운데에

과거 현재 미래의 부처님들께
맑고맑은 몸과 말과 뜻을 기우려
빠짐없이 두루두루 예경하옵되
보현보살 행과 원의 위신력으로
널리 일체 여래전에 몸을 나투어
한몸 다시 찰진수효 몸을 나투어
찰진수불 빠짐없이
예경합니다. (절)

⑩ 일미진중 미진수효
　　부처님께서

곳곳마다 많은 보살 모이시었고
무진법계 미진에도 또한 그같이
부처님이 충만하심 깊이 믿으며
몸몸마다 한량없는 음성으로써
다함없는 묘한말씀
모두 내어서
오는 세상
일체겁이 다할때까지
부처님의 깊은공덕
찬탄합니다. (절)

⑩ 아름답기 으뜸가는
　　여러꽃타래

좋은 풍류 좋은 향수
좋은 일산들

아이공양제여래 최승의복최
我以供養諸如來 最勝衣服最

승향 말향소향여등촉 일일
勝香 末香燒香與燈燭 一一

개여묘고취 아실공양제여래
皆如妙高聚 我悉供養諸如來

아이광대승해심 심신일체삼
我以廣大勝解心 深信一切三

세불 실이보현행원력 보변
世佛 悉以普賢行願力 普編

공양제여래(절)
供養諸如來

⑩ **아석소조제악업 개유**
我昔所造諸惡業 皆由

무시탐진치
無始貪瞋癡

종신어의지소생
從身語意之所生

일체아금개참회(절)
一切我今皆懺悔

⑩ **시방일체제중생**
十方一切諸衆生

이승유학급무학
二乘有學及無學

일체여래여보살
一切如來與菩薩

소유공덕개수회(절)
所有功德皆隨喜

이와같은 가장좋은 장엄구로써
시방삼세 부처님께 공양하오며

으뜸가는 좋은 의복 좋은 향들과
가루향과 꽂는 향과 등과 촛불의

낱낱것을 수미산의 높이로 모아
일체여래 빠짐없이 공양하오며

넓고크고 수승하온 이내슬기로
시방삼세 부처님을 깊이 믿삽고

보현보살행원력을
모두 기우려

일체제불 빠짐없이
공양합니다. (절)

⑩ 지난 세상 제가 지은
모든 악업은

무시이래
탐심 진심 어리석음이

몸과 말과 뜻으로
지었아옵기

제가 이제 남김없이
참회합니다. (절)

⑩ 시방세계 계시옵는
세간등불과

가장 처음보리도를
이루신님께

일체의 부처님과
모든 보살의

지니옵신 온갖 공덕
기뻐합니다. (절)

⑩⑤ 시방소유세간등
十方所有世間燈

최초성취보리자
最初成就菩提者

아금일체개권청
我今一切皆勸請

전어무상묘법륜(절)
轉於無上妙法輪

⑩⑥ 제불약욕시열반
諸佛若欲示涅槃

아실지성이권청
我實至誠而勸請

유원구주찰진겁
惟願久住刹塵劫

이락일체제중생(절)
利樂一切諸衆生

⑩⑦ 소유예찬공양불
所有禮讚供養佛

청불주세전법륜
請佛住世轉法輪

수희참회제선근
隨喜懺悔諸善根

회향중생급불도(절)
廻向衆生及佛道

⑩⑧ 원장이차승공덕
願將以此勝功德

회향무상진법계
廻向無上眞法界

⑩⑤ 시방세계 계시옵는
세간등불과
가장 처음 보리도를
이루신님께
위가 없는 묘한법문
설하시기를
제가 이제 지성다해
권청합니다. (절)

⑩⑥ 부처님이 반열반에
들려하시면
찰진겁을 이세상에
계시오면서
일체 중생 안락하게
살펴보시길
있는 지성 기울여서
권청합니다. (절)

⑩⑦ 부처님을 예찬하고
공양한 공덕
오래 계셔 법문하심
청하온 공덕
기뻐하고 참회하온
온갖 선근을
중생들과 보리도에
회향합니다. (절)

⑩⑧ 원컨대 수승하온
이들 공덕이
위가 없는 온법계에
회향하여서

성상불법급승가 　　　　　이치에도 일에도
性相佛法及僧伽 　　　　　막힘이 없고

이제융통삼매인 　　　　　불법이고 세간이고
二諦融通三昧印 　　　　　걸림이 없는

여시무량공덕해 　　　　　삼보님과 삼매인의
如是無量功德海 　　　　　공덕바다를

아금개실진회향 　　　　　제가 이제 남김없이
我今皆悉盡廻向 　　　　　회향하오니 모든중생 신구의로

소유중생신구의 　　　　　지은 업장들
所有衆生身口意 　　　　　잘못보고 트집잡고

견혹탄방아법등 　　　　　비방도하고
見或彈謗我法等 　　　　　나와 법을 집착하여

여시일체죄업장 　　　　　망견을 내던
如是一切罪業障 　　　　　모든업장

실개소멸진무여 　　　　　남김없이
悉皆消滅盡無餘 　　　　　소멸되어서

염념지주어법계 　　　　　생각생각 큰지혜가
念念知周於法界 　　　　　법계에 퍼져

광도중생개불퇴 　　　　　모든중생 빠짐없이
廣度衆生皆不退 　　　　　건져지이다.

내지허공세계진 　　　　　허공계가 다하고
乃至虛空世界盡 　　　　　중생다하고

중생급업번뇌진 　　　　　중생업이 다하고
衆生及業煩惱盡 　　　　　번뇌다함은

여시사법광무변 　　　　　넓고 크고 가이없어
如是四法廣無邊 　　　　　한량없으니

원금회향역여시 (절)　　　저희들의 회향도
願今回向亦如是 　　　　　이루어지이다. (절)

나무대행보현보살마하살(3번 반절)　나무
南無大行普賢菩薩摩訶薩　　　대행보현보살마하살(3번 반절)

9. 이산조사 발원문(怡山祖師發願文)

시방삼세	부처님과	팔만사천	큰법보와	보살성문
스님네께	지성귀의	하옵나니	자비하신	원력으로
굽어살펴	주옵소서	저희들이	참된성품	등지옵고
무명속에	뛰어들어	나고죽는	물결따라	빛과소리
물이들고	심술궂고	욕심내어	온갖번뇌	쌓았으며
보고듣고	맛봄으로	한량없는	죄를지어	잘못된길
갈팡질팡	생사고해	헤매면서	나와남을	집착하고
그른길만	찾아다녀	여러생애	지은업장	크고작은
많은허물	삼보전에	원력빌어	일심참회	하옵나니
바라건데	부처님이	이끄시고	보살님네	살피옵서
고통바다	헤어나서	열반언덕	가사이다	이세상에
명과복은	길이길이	창성하고	오는세상	불법지혜
무럭무럭	자라나서	날적마다	좋은국토	밝은스승
만나오며	바른신심	굳게세고	아이로서	출가하여
귀와눈이	총명하고	말과뜻이	진실하여	세상일에
물안들고	청정범행	닦고닦아	서리같이	엄한계율
털끝인들	범하리까	점잖은—	거동으로	모든생명
사랑하여	이내목숨	버리어도	지성으로	보호하리
삼재팔난	만나잖고	불법인연	구족하며	반야지혜

드러나고	보살마음	견고하여	제불정법	잘배워서
대승진리	깨달은뒤	육바라밀	행을닦아	아승지겁
뛰어넘고	곳곳마다	설법으로	천겁만겁	의심끊고
마군중을	항복받고	삼보를—	뵙사올제	시방제불
섬기는일	잠깐인들	쉬오리까	온갖법문	다배워서
모두통달	하옵거든	복과지혜	함께늘어	무량중생
제도하며	여섯가지	신통얻고	무생법인	이룬뒤에
관음보살	대자비로	시방법계	다니면서	보현보살
행원으로	많은중생	건지올제	여러갈래	몸을나눠
미묘법문	연설하고	지옥아귀	나쁜곳엔	광명놓고
신통보여	내모양을	보는이나	내이름을	듣는이는
보리마음	모두내어	윤회고를	벗어나되	화탕지옥
끓는물은	감로수로	변해지고	검수도산	날센칼날
연꽃으로	화하여서	고통받던	저중생들	극락세계
왕생하며	나는새와	기는짐승	원수맺고	빚진이들
갖은고통	벗어나서	좋은복락	누려지다	모진질병
돌적에는	약풀되어	치료하고	흉년드는	세상에는
쌀이되어	구제하되	여러중생	이익한일	한가진들
빼오리까	천겁만겁	내려오던	원수거나	친한이나
이세상—	권속들도	누구누구	할것없이	얽히었든
애정끊고	삼계고해	뛰어나서	시방법계	중생들이
모두성불	하사이다	허공끝이	있아온들	이내소원
다하리까	유정들도	무정들도	일체종지	이뤄지다

제 2 편   저녁 예불문(夕禮佛)

1. 종성(鍾聲)

저녁 쇠성은 먼저 ○○하고 종을 시작하여 송문을 외우면서 차례로 네 번을 친 다음 다섯 번 만에 끝낸다.

다시 도면화 하면 다음과 같다.

○○①②③④○○⑤

문종성 번뇌단①
聞鍾聲 煩惱斷

지혜장 보리생②
智慧長 菩提生

이지옥 출삼계③
離地獄 出三界

원성불 도중생④
願成佛 度衆生

종소리 듣고
번뇌는 없어지고①

지혜는 자라나
깨달음을 얻으라.②

지옥을 여의고
삼계를 벗어나서③

부처가 되기
원하노라.④

파지옥진언
破地獄眞言

옴 가라지야 사바하(3번)⑤
唵 迦羅地野 娑婆訶

2. 4물(四物)

이렇게 다섯 번 종을 치고 다음에는 법고가 있는 곳에 나가 아침처럼 3·3은 9하여 9통을 치고 다음에는 목어와 운판을 차례로 친다. 대종을 36추를 치는데 아침에는 3계 25와 중생을 생각하여 28추를 치지만 저녁에는 33천에 3계를 더 넣어 36추를 친다. 그리고 법당에 들어와 예불 준비가 다 되었으면 예불종을 다음과 같이 저녁예불을 한다.

○○ ○ ○ ○ ○ ○ ○ ○○ ○ ○ ○ ○ ○○

3. 오분향례(五分香禮)

저녁에는 향만 꽂고 하므로 5분 향례라 한다.

계향 정향 혜향 해탈향 해
戒香 定香 慧香 解脫香 解
탈지견향
脫知見香

계향·정향·혜향·
해탈향·
해탈지견향

광명운대 주변법계 공양시
光明雲臺 周遍法界 供養十
방 무량불법승
方 無量佛法僧

광명의 뭉개구름
법계에 두루하여
시방삼세 항상 계신
삼보님께 공양합니다.

　　헌향진언
　　獻香眞言

옴 바아라 도비야 훔(세번·반배)
唵 婆阿羅 度碑耶 吽

지심귀명례　삼계도사　사생
至心歸命禮　三界導師　四生
자부　시아본사　석가모니불(큰절)
慈父　是我本師　釋迦牟尼佛

한마음 함께 기울여서
삼계도사 사생자부
석가모니 부처님께
예배합니다. (큰절)

지심귀명례　시방삼세　제망
至心歸命禮　十方三世　帝網
찰해　상주일체　불타야중(큰절)
刹海　常住一切　佛陀耶衆

한마음 함께
기울여서
시방삼세 항상계신
부처님께 예배합니다. (큰절)

지심귀명례　시방삼세　제망
至心歸命禮　十方三世　帝網
찰해　상주일체　달마야중(큰절)
刹海　常住一切　達磨耶衆

한마음 함께
기울여서
시방삼세 항상계신
달마님께 예배합니다. (큰절)

지심귀명례　대지문수　사리
至心歸命禮　大智文殊　舍利
보살　대행보현보살　대비관
菩薩　大行普賢菩薩　大悲觀
세음보살　대원본존　지장보
世音菩薩　大願本尊　地藏菩
살　마하살(큰절)
薩　摩訶薩

한마음 함께 기울여서
대지문수 사리보살
대행보현보살
대비관세음보살
대원본존
지장보살님께
예배합니다. (큰절)

지심귀명례 영산당시 수불
至心歸命禮 靈山當時 受佛
부촉 십대제자 십육성 오백
付囑 十大弟子 十六聖 五百
성 독수성 내지 천이백제대
聖 獨修聖 乃至 千二百諸大
아라한 무량자비성중(큰절)
阿羅漢 無量慈悲聖衆

한마음 함께 기울여서
영산당시 부처님께
부촉받은 십대제자
십육성 오백성
독수성 내지
천이백
모든 큰 아라한님들께
예배합니다. (큰절)

지심귀명례 서건동진 급아   한마음 함께
至心歸命禮 西乾東晉 及我   기울여서

해동 역대전등 제대조사 천   인도 중국 한국 세계
海東 歷代傳燈 諸大祖師 天   역대 전등 제대조사

하종사 일체미진수 제대선   천하종사
下宗師 一切微塵數 諸大善   일체 모든

지식 (큰절)   큰 선지식님들께
知識   예배합니다. (큰절)

지심귀명례 시방삼세 제망   한마음 함께
至心歸命禮 十方三世 帝網   기울여서

찰해 상주일체 승가야중 (큰절)   시방삼세 항상계신
刹海 常住一切 僧伽耶衆   승가님께 예배합니다. (큰절)

유원 무진삼보   오직 원컨대
唯願 無盡三寶   삼보님께서는

대자대비 수아정례   대자대비로서
大慈大悲 受我頂禮   저희들의 예배를 받으시고

명훈가피력 원공법계제중생   가피력을 내리시어
冥熏加被力 願共法界諸衆生   법계의 모든 중생이

자타일시성불도 (반절)   모두 함께 불도를
自他一時成佛道   이루어지이다. (큰절)

4. 이산조사 발원문(怡山祖師發願文)

시방삼세 부처님과 팔만사천 큰법보와 보살성문
스님네께 지성귀의 하옵나니 자비하신 원력으로
굽어살펴 주옵소서 저희들이 참된성품 등지옵고
무명속에 뛰어들어 나고죽는 물결따라 빛과소리
물이들고 심술궂고 욕심내어 온갖번뇌 쌓았으며
보고듣고 맛봄으로 한량없는 죄를지어 잘못된길
갈팡질팡 생사고해 헤매면서 나와남을 집착하고
그른길만 찾아다녀 여러생애 지은업장 크고작은
많은허물 삼보전에 원력빌어 일심참회 하옵나니
바라건데 부처님이 이끄시고 보살님네 살피옵서
고통바다 헤어나서 열반언덕 가사이다 이세상의
명과복은 길이길이 창성하고 오는세상 불법지혜
무럭무럭 자라나서 날적마다 좋은국토 밝은스승
만나오며 바른신심 굳게세고 아이로서 출가하여
귀와눈이 총명하고 말과뜻이 진실하여 세상일에
물안들고 청정범행 닦고닦아 서리같이 엄한계율
털끝인들 범하리까 점잖은— 거동으로 모든생명
사랑하여 이내목숨 버리어도 지성으로 보호하리
삼재팔난 만나잖고 불법인연 구족하며 반야지혜
드러나고 보살마음 견고하여 제불정법 잘배워서
대승진리 깨달은뒤 육바라밀 행을닦아 아승지겁

뛰어넘고 곳곳마다 설법으로 천겁만겁 의심끊고
마군중을 항복받고 삼보를— 뵙사올제 시방제불
섬기는일 잠깐인들 쉬오리까 온갖법문 다배워서
모두통달 하옵거든 복과지혜 함께늘어 무량중생
제도하며 여섯가지 신통얻고 무생법인 이룬뒤에
관음보살 대자비로 시방법계 다니면서 보현보살
행원으로 많은중생 건지올제 여러갈래 몸을나퉈
미묘법문 연설하고 지옥아귀 나쁜곳엔 광명놓고
신통보여 내모양을 보는이나 내이름을 듣는이는
보리마음 모두내어 윤회고를 벗어나되 화탕지옥
끓는물은 감로수로 변해지고 검수도산 날센칼날
연꽃으로 화하여서 고통받던 저중생들 극락세계
왕생하며 나는새와 기는짐승 원수맺고 빚진이들
갖은고통 벗어나서 좋은복락 누려지다 모진질병
돌적에는 약풀되어 치료하고 흉년드는 세상에는
쌀이되어 구제하되 여러중생 이익한일 한가진들
빼오리까 천겁만겁 내려오던 원수거나 친한이나
이세상— 권속들도 누구누구 할것없이 얽히었든
애정끊고 삼계고해 뛰어나서 시방법계 중생들이
모두성불 하사이다 허공끝이 있아온들 이내소원
다하리까 유정들도 무정들도 일체종지 이뤄지다

5. 신중단(神衆壇)

지심귀명례　진법계　허공계
至心歸命禮　盡法界　虛空界
화엄회상 욕색제천중(큰절)
華嚴會上　欲色諸天衆

한마음 함께 기울여서
진법계 허공계
화엄회상 욕색 제천중께
예배합니다. (큰절)

지심귀명례　진법계　허공계
至心歸命禮　盡法界　虛空界
화엄회상 팔부사왕중(큰절)
華嚴會上　八部四王衆

한마음 함께 기울여서
진법계 허공계
화엄회상 팔부 4왕중께
예배합니다. (큰절)

지심귀명례　진법계　허공계
至心歸命禮　盡法界　虛空界
화엄회상 호법선신중(큰절)
華嚴會上　護法禪神衆

한마음 함께 기울여서
진법계 허공계
화엄회상 호법 선신중께
예배합니다. (큰절)

원제천룡팔부중
願諸天龍八部衆
위아옹호불이신
爲我擁護不離身
어제란처무제난
於諸難處無諸難
여시대원능성취(반절)
如是大願能成就

오직 원컨데
팔부중께서는
저희들을
항상 옹호하여
어려운 곳에 있어서도
어려움이 없게 하시고
큰원을 성취하게
하옵소서. (반절)

6. 반야심경(般若心經)

마하반야바라밀다 심경	마하반야바라밀다 심경
摩訶般若波羅蜜多 心經	
관자재보살 행 심반야 바라	관자재보살이
觀自在菩薩 行 深般若 波羅	깊은 반야바라밀다를
밀다 시 조견 오온개공 도	행하실때 5온이 다 공한 것을
蜜多 時 照見 五蘊皆空 度	비추어 보시고
일체고액	일체의 고액에서
一切苦厄	벗어 났느니라.
사리자 색불이공 공불이색	사리자여, 색이 공과 다르지 않고
舍利子 色不異空 空不異色	공이 색과 다르지 않아
색즉시공 공즉시색 수상행	색이 곧 공이고
色卽是空 空卽是色 受想行	공이 곧 색이다.
식 역부여시	수·상·행·식도
識 亦復如是	이와 같느니라.
사리자 시 제법공상 불생불	사리자여, 이 모든 법의 공한 모양은
舍利子 是 諸法空相 不生不	나지도 않고 없어 지지도 않으며
멸 불구부정 부증불감	더러워지지도 않고 깨끗해지지도 않으며
滅 不垢不淨 不增不減	늘지도 않고 줄지도 않느니라.
시고 공중무색 무 수상행식	그러므로 공 가운데는
是故 空中無色 無 受想行識	색도 없고 수·상·행·식도 없고
무 안이비 설신의 무색성향	눈·귀·코·혀·몸·뜻도 없고
無 眼耳鼻 舌身意 無色聲香	빛·소리·냄새·맛·감촉·법도 없고
미촉법 무안계 내지무의식	눈의 세계도 없고
味觸法 無眼界 乃至無意識	내지 의식의 세계도 없고,
계 무무명 역무무명진 내지	무명도 없고
界 無無明 亦無無明盡 乃至	무명이 다함도 없고

무노사 역무노사진 무 고집 無老死 亦無老死盡 無 苦集	늙고 죽음도 없고 늙고 죽음이 다함도 없고
멸도 무지 역무득 滅道 無智 亦無得	고·집·멸·도도 없고 지혜도 없고 얻을 것도 없느니라.
이무소득고 보리살타 의반 以無所得故 菩提薩埵 依般	얻을 것이 없는 까닭에 보리살타는
야바라밀다 고심무가애 무 若波羅蜜多 故心無罣碍 無	반야바라밀다를 의지하여 마음에 장애를 없애느니라.
가애고 무유공포 원리전도 罣碍故 無有恐怖 遠離顚倒	장애가 없으므로 두려움이 없어 멀리 뒤바뀐 생각을 여의고
몽상 구경열반 삼세제불 의 夢想 究竟涅槃 三世諸佛 依	마침내 열반을 이루었나니, 삼세 모든 부처님도
반야바라밀다 고득아뇩다라 般若波羅蜜多 故得阿耨多羅	이 반야바라밀다를 의지하여
삼먁삼보리 三藐三菩提	아뇩다라삼먁삼보리를 얻었느니라.
고지 반야바라밀다 시대신 故知 般若波羅蜜多 是大神	그러므로 알라. 반야바라밀다는 크고 신비한 주문이고,
주 시 대명주 시 무상주 시 呪 是 大明呪 是 無上呪 是	크고 밝은 주문이며, 위 없는 주문이고,
무등등주 능제일체고 진실 無等等呪 能除一切苦 眞實	같음이 없는 주문으로서 능히 일체 고통을 없애 주느니라.
불허 고설 반야바라밀다주 不虛 故說 般若波羅蜜多呪	진실하여 헛되지 아니하므로 반야바라밀다 주문을 설하나니
즉설주왈 卽說呪曰	곧 주문은 다음과 같느니라.
아제아제 바라아제 바라승 揭帝揭帝 婆羅揭帝 婆羅僧	아제아제 바라아제
아제 보제사바하(3번) 揭帝 菩提娑婆訶	바라승아제 모지사바하(3번)

7. 영단법어(靈壇法語) – 법성게(法性偈)

의상조사 법성게
義湘祖師 法性偈

법성원융무이상
法性圓融無二相
둥글고— 오롯한법
진리의— 모습이여

제법부동본래적
諸法不動本來寂
고요뿐— 동작없는
삼라의— 바탕이여

무명무상절일체
無名無相絶一切
이름도— 꼴도없고
일체가— 다없거니

증지소지비여경
證智所知非餘境
아는이는 성인이고
범부들은 모른다네

진성심심극미묘
眞性甚深極微妙
교묘하게 깊고깊은
현묘한— 진성이여

불수자성수연성
不守自性隨緣成
제자리를 벗어난듯
세계를— 나툼이여

일중일체다중일
一中一切多中一
하나속에 모두있고
많은곳에 하나있어

일즉일체다즉일
一卽一切多卽一
하나가 곧 전체이고
전체가 곧 하나이니

일미진중함시방
一微塵中含十方
한티끌— 작은속에
온세계를 머금었고

일체진중역여시
一切塵中亦如是
낱낱의— 티끌마다
우주가— 다들었네

무량원겁즉일념
無量遠劫卽一念
한량없는 긴시간이
한생각— 일념이고

일념즉시무량겁 一念卽是無量劫	찰나의— 한생각이 한량없는 긴겁이니
구세십세호상즉 九世十世互相卽	삼세와— 구세십세 엉킨듯— 한덩인듯
잉불잡란격별성 仍不雜亂隔別成	그러나— 따로따로 뚜렷한— 만상이여
초발심시변정각 初發心時便正覺	처음발심 했을때가 부처를— 이룬때고
생사열반상공화 生死涅槃常共和	생사와— 열반경에 바탕이— 한몸이니
이사명연무분별 理事冥然無分別	있는듯— 이사분별 혼연히— 없는그곳
십불보현대인경 十佛普賢大人境	노사나불 보현님의 대인의— 경계로세
능인해인삼매중 能仁海印三昧中	석가모니 해인삼매 그속에— 나툼이여
번출여의부사의 繁出如意不思議	쏟아진— 여의진리 그속에— 부사의여
우보익생만허공 雨寶益生滿虛空	허공속에 가득하온 거룩하신 법비로서
중생수기득이익 衆生隨器得利益	근기따라 온갖중생 이익을— 얻게했네
시고행자환본제 是故行者還本際	행자들아 돌아가라 진리의— 고향으로
파식망상필부득 叵息妄想必不得	번뇌망상 쉬고쉬어 헛된길을 가지말라
무연선교착여의 無緣善巧捉如意	교묘한— 절대방편 그길로— 찾아가라

귀가수분득자량 歸家隨分得資糧	여의주― 노자얻어 부처님의 고향으로
이다라니무진보 以陀羅尼無盡寶	끝이없이 쓰고쓰는 다라니의 무진보로
장엄법계실보전 莊嚴法界實寶殿	불국토― 법왕궁을 아름답게 장엄하고
궁좌실제중도상 窮坐實際中道床	중도의― 해탈좌에 앉으면은 깨달으리
구래부동명위불 舊來不動名爲佛	옛날부터 그랬었네 그이름이 부처라고

8. 상견례(相見禮)

예불드린 사람들끼리 서로 바라보며 저녁인사를 나눈다. 그리고 선방에 있는 사람은 선방으로 가서 입정하고 보통 절에서는 입정후 저녁송주와 장엄염불 등을 외운다.

9. 입정(入定)

조용히 숨을 고르고 가부좌(혹 반가부좌)를 한뒤 현재 입정중인 자가 누구인지 관찰한다. 선방에서는 보통 1시간 내지 2시간 하는데 법당에서는 3분 내지 10분 정도 하고 저녁송주로 돌아간다.

10. 저녁송주

(1) 천수경(千手經)

정구업진언
淨口業眞言

수리수리 마하수리 수수리 사바하 (3번)
修里修里 摩訶修里 修修里 娑婆訶

오방내외안위제신진언
五方內外安慰諸神眞言

나무사만다 못다남 옴 도로도로 지미사바하 (3번)
南無三滿多 沒馱喃 唵 度嚕度嚕 地眉娑婆訶

개경게
開經偈

무상심심미묘법 無上甚深微妙法	가장높고 미묘하고 깊고깊은 부처님법
백천만겁난조우 百千萬劫難遭遇	백천만겁 지나도록 만나뵙기 어려운법
아금문견득수지 我今聞見得受持	내가이제 보고듣고 얻어받아 지니오니
원해여래진실의 願解如來眞實意	부처님의 진실한뜻 알게하여 주옵소서

개 법장진언
開 法藏眞言

옴 아라남 아라다 (3번)
唵 阿羅南 阿羅馱

천수천안 관자재보살 千手千眼 觀自在菩薩	천수천안 관자재보살님의
광대원만 무애대비심 廣大圓滿 無碍大悲心	광대원만 무애대비심
대다라니 계청 大陀羅尼 啓請	대다라니를 청하면서
계수관음대비주 稽首觀音大悲呪	관음보살 대비주께 머리숙여 절합니다.
원력홍심상호신 願力弘深相好身	원력이 크고넓고 상호또한 좋으신몸
천비장엄보호지 千臂莊嚴普護持	일천팔로 장엄하여 온갖중생 거두시고
천안광명변관조 千眼光明遍觀照	일천눈의 광명으로 온세상을 살피시며,
진실어중선밀어 眞實語中宣密語	참된말씀 베푸시여 비밀한뜻 보이시고
무위심내기비심 無爲心內起悲心	하염없는 자비한맘 끊임없이 펴십니다.
속령만족제희구 速令滿足諸希求	저희들의 온갖소원 하루속히 이루옵고
영사멸제제죄업 永使滅除諸罪業	모든죄업 남김없이 깨끗하게 씻어이다
천룡중성동자호 天龍衆聖同慈護	하늘용과 모든성현 모두함께 보살피사

백천삼매돈훈수 百千三昧頓熏修	백천가지 온갖삼매 한꺼번에 깨치이다
수지신시광명당 受持身是光明幢	법을모신 이내몸은 큰광명의 깃발이요
수지심시신통장 受持心是神通藏	법을지닌 이내마음 신통력의 곳집이라
세척진로원제해 洗滌塵勞願濟海	세상티끌 씻어내고 고통바다 어서건너
초증보리방편문 超證菩提方便門	보리문의 방편문을 뛰어넘게 하옵소서
아금칭송서귀의 我今稱誦誓歸依	내가이제 대비주를 칭송하며 맹세하니
소원종심실원만 所願從心悉圓滿	원하는일 마음대로 모두다— 이뤄지다
나무대비관세음 南無大悲觀世音	대자대비 관세음께 지성귀의 하옵나니
원아속지일체법 願我速知一切法	이세상의 온갖진리 빨리알게 하옵소서
나무대비관세음 南無大悲觀世音	대자대비 관세음께 지성귀의 하옵나니
원아조득지혜안 願我早得智慧眼	부처님의 지혜의눈 빨리얻게 하옵소서
나무대비관세음 南無大悲觀世音	대자대비 관세음께 지성귀의 하옵나니
원아속도일체중 願我速度一切衆	한량없는 모든중생 빨리제도 하옵소서
나무대비관세음 南無大悲觀世音	대자대비 관세음께 지성귀의 하옵나니

원아조득선방편 願我早得善方便	온갖착한 방편의길 빨리얻게 하옵소서
나무대비관세음 南無大悲觀世音	대자대비 관세음께 지성귀의 하옵나니
원아속승반야선 願我速乘般若船	반야선의 거룩한배 빨리타게 하옵소서
나무대비관세음 南無大悲觀世音	대자대비 관세음께 지성귀의 하옵나니
원아조득월고해 願我早得越苦海	생노병사 고통바다 빨리 넘게 하옵소서
나무대비관세음 南無大悲觀世音	대자대비 관세음께 지성귀의 하옵나니
원아속득계정도 願我速得戒定道	계와선정 훌륭한길 빨리얻게 하옵소서
나무대비관세음 南無大悲觀世音	대자대비 관세음께 지성귀의 하옵나니
원아조등원적산 願我早登圓寂山	상락아정 원적산에 빨리서게 하옵소서
나무대비관세음 南無大悲觀世音	대자대비 관세음께 지성귀의 하옵나니
원아속회무위사 願我速會無爲舍	하염없는 무위의집 빨리알게 하옵소서
나무대비관세음 南無大悲觀世音	대자대비 관세음께 지성귀의 하옵나니
원아조동법성신 願我早同法性身	절대평등 법성의몸 이뤄지게 하옵소서
아약향도산 我若向刀山	칼산지옥 내가가면

도산자최절 刀山自催折	칼산절로 무너지고
아약향화탕 我若向火湯	화탕지옥 내가가면
화탕자소멸 火湯自消滅	화탕절로 말라지고
아약향지옥 我若向地獄	지옥세계 내가가면
지옥자고갈 地獄自枯竭	지옥절로 없어지고
아약향아귀 我若向餓鬼	아귀세계 내가가면
아귀자포만 餓鬼自飽滿	아귀절로 배부르고
아약향수라 我若向修羅	수라세계 내가가면
악심자조복 惡心自調伏	악심절로 없어지고
아약향축생 我若向畜生	축생세계 내가가면
자득대지혜 自得大智慧	지혜절로 생겨지다
나무관세음보살마하살 南無觀世音菩薩摩訶薩	관세음보살 큰 보살님께 귀의합니다.
나무대세지보살마하살 南無大勢至菩薩摩訶薩	대세지보살 큰 보살님께 귀의합니다.
나무천수보살마하살 南無千手菩薩摩訶薩	천수보살 큰 보살님께 귀의합니다.

나무여의륜보살마하살
南無如意輪菩薩摩訶薩

여의륜보살 큰 보살님께
귀의합니다.

나무대륜보살마하살
南無大輪菩薩摩訶薩

대륜보살 큰 보살님께
귀의합니다.

나무관자재보살마하살
南無觀自在菩薩摩訶薩

관자재보살 큰 보살님께
귀의합니다.

나무정취보살마하살
南無正趣菩薩摩訶薩

정취보살 큰 보살님께
귀의합니다.

나무만월보살마하살
南無滿月菩薩摩訶薩

만월보살 큰 보살님께
귀의합니다.

나무수월보살마하살
南無水月菩薩摩訶薩

수월보살 큰 보살님께
귀의합니다.

나무군다리보살마하살
南無軍茶利菩薩摩訶薩

군다리보살 큰 보살님께
귀의합니다.

나무십일면보살마하살
南無十一面菩薩摩訶薩

십일면보살 큰 보살님께
귀의합니다.

나무제대보살마하살
南無諸大菩薩摩訶薩

모든 보살 큰 보살님께
귀의합니다.

나무본사아미타불
南無本師阿彌陀佛

본사 아미타 부처님께
귀의합니다.

신묘장구대다라니
神妙章句大陀羅尼

나모라 다나다라 야야 나막알약 바로기제 새바라야 모지 사다바야 마하사다바야 마하가로 니가야 옴 살바 바예수 다라나 가라야 다사명 나막 가리다바 이맘 알야 바로기제 새바라 다바 이라간타 나막 하리나야 마발다 이사미 살발타 사다남 수반 아예염 살바 보다남 바바말아 미수다감 다냐타 옴 아로계 아로가 마지로가 지가란제 혜혜하례 마하모지 사다바 사마라 사마라 하리나야 구로구로 갈마 사다야 사다야 도로도로 미연제 마하미연제 다라다라 다린 나례 새바라 자라자라 마라 미마라 아마라 몰제 예혜혜 로계 새바라 라아미사미 나사야 나베 사미사미 나사야 모하자라 미사미 나사야 호로호로 마라호로 하례 바나마 나바 사라사라 시리시리 소로소로 못자못자 모다야 모다야 매다리야 니라간타 가마사 날사남 바라 하라나야 마낙 사바하 싯다야 사바하 마하싯다야 사바하 싯다유예 새바라야 사바하 니라간타야 사바하 바라하 목카 싱하 목카야 사바하 바나마 하따야 사바하 자가라 욕타야 사바하 상카 섭나예 모다나야 사바하 마하라 구타 다라야 사바하 바마사간타 니사 시체다 가릿 나이나야 사바하 먀가라 잘마 이바 사나야 사바하

나모라 다나다라 야야 나막알야 바로기제 새바라야 사바하

(3번)

사방찬 (四方讚)

일쇄동방결도량 一灑東方潔道場	첫째동방 망상씻어 청정도량 이룩하고
이쇄남방득청량 二灑南方得淸凉	둘째남방 번뇌씻어 끓는마음 시원하며
삼쇄서방구정토 三灑西方俱淨土	셋째서방 망상씻어 안락정토 이룩하고
사쇄북방영안강 四灑北方永安康	넷째북방 애욕씻어 영원토록 평안하네

도량찬 (道場讚)

도량청정무하예 道場淸淨無瑕穢	온도량이 깨끗하여 더러운것 없아오니
삼보천룡강차지 三寶天龍降此地	삼보님과 천룡님이 이도량에 내리시네
아금지송묘진언 我今持誦妙眞言	내가이제 묘한진언 지니옵고 외우노니
원사자비밀가호 願賜慈悲密加護	자비로서 베푸시어 사랑하여 주옵소서

참회게 (懺悔偈)

아석소조제악업 我昔所造諸惡業	아득히먼 옛날부터 내가지은 모든악업

개유무시탐진치　　　　　　　　　모두가다 탐진치로
皆由無始貪瞋痴　　　　　　　　　말미암아 생기었고

종신구의지소생　　　　　　　　　몸과입과 뜻을따라
從身口意之所生　　　　　　　　　무명으로 지었기에

일체아금개참회　　　　　　　　　내가이제 진심으로
一切我今皆懺悔　　　　　　　　　모두참회 하옵니다

참제업장십이존불
懺除業障十二尊佛

나무참제업장보승장불　　　　　　참제업장보승장 부처님께
南無懺除業障寶勝藏佛　　　　　　귀의합니다.

보광왕화염조불　　　　　　　　　보광왕화염조 부처님께
寶光王火焰照佛　　　　　　　　　귀의합니다.

일체향화자재력왕불　　　　　　　일체향화자재력왕 부처님께
一切香華自在力王佛　　　　　　　귀의합니다.

백억항하사결정불　　　　　　　　백억항하사결정 부처님께
百億恒河沙決定佛　　　　　　　　귀의합니다.

진위덕불　　　　　　　　　　　　진위덕 부처님께
振威德佛　　　　　　　　　　　　귀의합니다.

금강견강소복괴산불　　　　　　　금강견강소복괴산 부처님께
金剛堅强消伏壞散佛　　　　　　　귀의합니다.

보광월전묘음존왕불　　　　　　　보광월전묘음존왕 부처님께
普光月殿妙音尊王佛　　　　　　　귀의합니다.

환희장마니보적불　　　　　　　　환희장마니보적 부처님께
歡喜藏摩尼寶積佛　　　　　　　　귀의합니다.

무진향승왕불　　　　　　　　　　무진향승왕 부처님께
無盡香勝王佛　　　　　　　　　　귀의합니다.

사자월불　　　　　　　　　　　　사자월 부처님께
獅子月佛　　　　　　　　　　　　귀의합니다.

환희장엄주왕불 환희장엄주왕 부처님께
歡喜莊嚴珠王佛 귀의합니다.

제보당마니승광불 제보당마니승광 부처님께
帝寶幢摩尼勝光佛 귀의합니다.

십악참회
十惡懺悔

살생중죄금일참회 살생하여 지은죄를
殺生重罪今日懺悔 오늘모두 참회하고

투도중죄금일참회 도둑질로 지은죄를
偸盜重罪今日懺悔 오늘모두 참회하고

사음중죄금일참회 사음하여 지은죄를
邪淫重罪今日懺悔 오늘모두 참회하고

망어중죄금일참회 거짓말로 지은죄를
妄語重罪今日懺悔 오늘모두 참회하고

기어중죄금일참회 발림말로 지은죄를
綺語重罪今日懺悔 오늘모두 참회하고

양설중죄금일참회 이간질로 지은죄를
兩舌重罪今日懺悔 오늘모두 참회하고

악구중죄금일참회 악한말로 지은죄를
惡口重罪今日懺悔 오늘모두 참회하고

탐애중죄금일참회 탐애로서 지은죄를
貪愛重罪今日懺悔 오늘모두 참회하고

진애중죄금일참회 성냄으로 지은죄를
瞋恚重罪今日懺悔 오늘모두 참회하고

치암중죄금일참회 어리석어 지은죄를
痴暗重罪今日懺悔 오늘모두 참회합니다

백겁적집죄 百劫積集罪	백겁천겁 쌓은죄업
일념돈탕진 一念頓蕩盡	한생각에 없어져서
여화분고초 如火焚枯草	마른풀을 태우듯이
멸진무유여 滅盡無有餘	남김없이 사라지네
죄무자성종심기 罪無自性從心起	자성없는 모든죄업 마음에서 일어나니
심약멸시죄역망 心若滅時罪亦亡	마음만- 없어지면 죄업또한 사라지네
죄망심멸양구공 罪亡心滅兩俱空	죄와마음 모두없애 두가지다 공해지면
시즉명위진참회 是卽名爲眞懺悔	이경지를 이름하여 진참회라 한다네-

참회진언
懺悔眞言

옴 살바못자 모지 사다야 사바하(3번)
唵 薩婆菩陀 菩提 薩陀耶 莎訶

준제공덕취 准提功德聚	준제주의 크신공덕
적정심상송 寂靜心常誦	일념으로 늘외우면
일체제대난 一切諸大難	그어떠한 어려움도
무능침시인 無能侵是人	능히침입 못한다네

천상급인간 　　　　　　　　하늘이나
天上及人間 　　　　　　　　　인간이나

수복여불등 　　　　　　　　부처같이
受福與佛等 　　　　　　　　　복받으며

우차여의주 　　　　　　　　이여의주
遇此如意珠 　　　　　　　　　만난이는

정획무등등 　　　　　　　　가장큰법
定獲無等等 　　　　　　　　　이룬다네

나무칠구지불모 대준제보살(3번)　칠구지불모대준제
南無七俱胝佛母 大准提菩薩　　보살님께 귀의합니다.

정법계진언
淨法界眞言

옴 남(3번)
唵 喃

호신진언
護身眞言

옴 치림(3번)
唵 齒臨

관세음보살 본심미묘 육자대명왕진언
觀世音菩薩 本心微妙 六字大明王眞言

옴 마니 반메 훔(3번)
唵 摩尼 叭迷 吽

준제진언
准提眞言

나모 사다남 삼약삼못다 구치남 다냐타
曩謨 薩陀喃 三藐三沒馱 鳩致喃 怛野他

옴 자레주레 준제 사바하 부림 (3번)
唵 左隸主隸 準堤 娑婆訶 部臨

아금지송대준제 我今持誦大准提	내가이제 준제주를 지성으로 외우면서
즉발보리광대원 卽發菩提廣大願	크고넓은 보리심의 넓고큰원 세우노니
원아정혜속원명 願我定慧速圓明	선정지혜 닦고익혀 속히밝게 이루고서
원아공덕개성취 願我功德皆成就	온갖공덕 다배워서 모두성취 하사옵고
원아승복변장엄 願我勝福遍莊嚴	높은복과 큰장엄을 두루두루 갖추어서
원공중생성불도 願共衆生成佛道	그지없는 중생들과 함께불도 이루소서

여래십대발원문
如來十大發願文

원아영리삼악도 願我永離三惡道	내가이제 삼악도를 여의옵기 원합니다
원아속단탐진치 願我速斷貪瞋痴	내가이제 탐진치를 어서끊기 원합니다
원아상문불법승 願我常聞佛法僧	내가이제 불법승을 항상듣기 원합니다

원아근수계정혜   내가이제 계정혜를
願我勤修戒定慧   힘껏닦기 원합니다

원아항수제불학   내가이제 부처님법
願我恒隨諸佛學   늘배우기 원합니다

원아불퇴보리심   내가이제 보리심을
願我不退菩提心   안여의기 원합니다

원아결정생안양   내가이제 극락세계
願我決定生安養   태어나기 원합니다

원아속견아미타   내가이제 아미타불
願我速見阿彌陀   속히뵙기 원합니다

원아분신변진찰   내가이제 나툰몸을
願我分身遍塵刹   두루펴기 원합니다

원아광도제중생   내가이제 모든중생
願我廣度諸衆生   제도하기 원합니다

발 사홍서원
發 四弘誓願

중생무변서원도   가이없는 모든중생
衆生無邊誓願度   맹세하고 건지리다

번뇌무진서원단   끝이없는 모든중생
煩惱無盡誓願斷   맹세하고 건지리다

법문무량서원학   한이없는 모든법문
法門無量誓願學   맹세하고 배우리다

불도무상서원성   위가없는 모든불도
佛道無上誓願成   맹세하고 이루리다

자성중생서원도   마음속의 모든중생
自性衆生誓願度   맹세하고 건지리다

자성번뇌서원단   마음속의 모든번뇌
自性煩惱誓願斷   맹세하고 끊으리다

자성법문서원학 自性法門誓願學	마음속의 모든법문 맹세하고 배우리다
자성불도서원성 自性佛道誓願成	마음속의 모든불도 맹세하고 이루리다
원이 발원이 願已 發願已	원을 마치고
귀명례삼보 歸命禮三寶	삼보님께 귀의합니다.
나무상주시방불 南無常住十方佛	시방세계 항상계신 부처님께 귀의하고
나무상주시방법 南無常住十方法	시방세계 항상계신 달마님께 귀의하고
나무상주시방승(3번) 南無常住十方僧	시방세계 항상계신 승가님께 귀의합니다.

(2) 장엄염불(莊嚴念佛)

아미타불진금색 阿彌陀佛眞金色	아미타불 진짜금색 찬란하게 빛이나네
상호단엄무등륜 相好端嚴無等倫	삼십이상 팔십종호 단정하기 짝이없고
백호완전오수미 白毫宛轉五須彌	눈썹사이 하얀털빛 오수미와 같아오며
감목징청사대해 紺目澄淸四大海	푸른눈빛 맑은빛은 사대해와 같습니다
광중화불무수억 光中化佛無數億	빛가운데 나툰화불 무수억을 헤아리고

화보살중역무변 化菩薩衆亦無邊	빛가운데 나툰보살 헤아릴수 없습니다
사십팔원도중생 四十八願度衆生	사십팔원 원력으로 고해중생 제도하고
구품함령등피안 九品含靈登彼岸	구품계단 만들어서 법계함령 건지올제
이차예찬불공덕 以此禮讚佛功德	이러므로 예배하며 부처님덕 찬탄하니
장엄법계제유정 莊嚴法界濟有情	장엄하신 마음으로 유정중생 이끄소서
임종실원왕서방 臨終悉願往西方	내생에는 모두같이 극락세계 태어나서
공도미타성불도 共覩彌陀成佛道	아미타불 친히뵙고 무상불도 이루리다
극락세계연지중 極樂世界蓮池中	극락세계 보배연못 팔공덕수 가운데엔
구품연화여차륜 九品蓮華如車輪	수레같은 연꽃들이 구품으로 장엄되고
미타장육금구입 彌陀丈六金軀立	열여섯자 황금몸빛 장엄하게 서계시네
좌수당흉우수수 左手當胸右手垂	오른손을 드리우고 왼쪽손은 가슴에대
녹라의상홍가사 綠羅衣上紅袈裟	푸른비단 법복위엔 붉은가사 은은하네
금면미간백옥호 金面眉間白玉毫	금빛얼굴 미간백호 찬란하게 빛이나고
좌우관음대세지 左右觀音大勢至	왼쪽에선 관세음이 오른쪽엔 대세지가

시립장엄심제관 侍立莊嚴審諦觀	장엄하게 모시고서 두루살펴 보호하네
귀명성자관자재 歸命聖者觀自在	금산같이 거룩하고 담복같이 아름다운
신약금산담복화 身若金山簷蔔花	관세음께 귀의하고 관세음께 귀의하며
귀명성자대세지 歸命聖者大勢至	지혜의몸 널리비춰 중생제도 열심하는
신지광명조유연 身智光明照有緣	대세지께 귀의하고 대세지께 귀합니다
삼성소유공덕취 三聖所有功德聚	세분성현 쌓은공덕 모두모아 헤아리니
수월진사대약공 數越塵沙大若空	티끌모래 수를넘어 허공보다 크옵니다
시방제불함찬탄 十方諸佛咸讚嘆	시방세계 모든부처 입을모아 찬탄하길
진겁불능궁소분 塵劫不能窮少分	티끌겁을 다하여도 털끝만도 못하시네
시고아금공경례 是故我今恭敬禮	그러므로 저희들이 공경하며 절합니다
원아진생무별렴 願我盡生無別念	이내목숨 다하도록 다른생각 하지않고
아미타불독상수 阿彌陀佛獨相隨	아미타불 한골수로 부지런히 따라가되
심심상계옥호광 心心常係玉毫光	마음과- 마음속에 옥호광을 부여잡고
염념불리금색상 念念不離金色相	생각생각 금색신을 떠나가지 않으리다

아집염주법계관   내가지닌 염주로서
我執念珠法界觀   온법계를 관하면서

허공위승무불관   허공계를 남김없이
虛空爲繩無不貫   모두꿰어 통하리다

평등사나무하처   평등하신 사나부처
平等舍那無何處   어디에는 없으리까

관구서방아미타   서방극락 아미타불
觀求西方阿彌陀   어서빨리 뵙고지고

나무서방대교주   나무서방
南無西方大敎主   대교주

무량수여래불   무량수
無量壽如來佛   여래불

나무아미타불   나무아미타불
南無阿彌陀佛   (시간따라 하다가)

극락세계 십종장엄
極樂世界 十種莊嚴

법장서원수인장엄   법장스님 세운서원
法藏誓願修因莊嚴   닦고익혀 장엄한곳

사십팔원원력장엄   사십팔원 원력으로
四十八願願力莊嚴   아름답게 장엄한곳

미타명호수광장엄   아미타불 이름으로
彌陀名號壽光莊嚴   복과지혜 장엄한곳

삼대사관보상장엄   삼대사의 모습으로
三大士觀寶像莊嚴   보배처럼 장엄한곳

미타국토안락장엄   아미타불 안락국토
彌陀國土安樂莊嚴   평화로서 장엄한곳

보하청정덕수장엄   청정한- 보배연못
寶河淸淨德水莊嚴   팔공덕수 장엄한곳

보전여의누각장엄 寶殿如意樓閣莊嚴	뜻을따라 보배누각 거룩하게 장엄한곳
주야장원시분장엄 晝夜長遠時分莊嚴	여유있는 시간으로 밤과낮을 장엄한곳
이십사락정토장엄 二十四樂淨土莊嚴	오만가지 선근으로 이십사락 장엄한곳
삼십종익공덕장엄 三十種益功德莊嚴	삼십가지 공덕으로 빠짐없이 장엄한곳

미타인행 사십팔원
彌陀因行 四十八願

악취무명원 惡趣無名願	나쁜곳의 이름없고
무타악도원 無墮惡道願	나쁜길에 타락없고
동진금색원 同眞金色願	모두같이 금색으로
형모무차원 形貌無差願	한결같은 모습이라
성취숙명원 成就宿命願	숙명통을 성취하고
생획천안원 生獲天眼願	천안통을 성취하며
생획천이원 生獲天耳願	천이통을 성취하고
실지심행원 悉知心行願	타심통을 얻어지다
신족초월원 神足超越願	신족통을 뛰어넘어

정무아상원 淨無我想願	아상마저 없게하고
결정정각원 決定正覺願	결정코— 정각얻어
광명보조원 光明普照願	온세계를 비치리니
수량무궁원 壽量無窮願	한량없는 명을얻고
성문무수원 聲聞無數願	성문또한 무수하고
중생장수원 衆生長壽願	중생들도 장수하고
개획선명원 皆獲善名願	착한이름 얻어지다
제불칭찬원 諸佛稱讚願	부처님들 칭찬하고
십념왕생원 十念往生願	십념으로 왕생하되
임종현전원 臨終現前願	임종시엔 성현뵙고
회향개생원 回向皆生願	공덕회향 하여지다
구족묘상원 具足妙相願	묘한상호 구족하고
함계보처원 咸階補處願	모두함께 보처되어
신공타방원 晨供他方願	아침마다 불공하고

소수만족원 所須滿足願	소원성취 이루리다
선입본지원 善入本智願	근본지혜 깨달아서
나라연력원 那羅延力願	나라연력 이루고서
장엄무량원 莊嚴無量願	한량없는 장엄들과
보수실지원 寶樹悉知願	보배나무 모두알리
획승변재원 獲勝辯才願	뛰어난— 말재주와
대변무변원 大辯無邊願	훌륭한— 변재로서
국정보조원 國淨普照願	청정국토 두루비춰
무량승음원 無量勝音願	거룩한음 이뤄지다
몽광안락원 蒙光安樂願	지혜로서 안락얻고
성취총지원 成就總持願	총지를— 성취하여
영리여신원 永離女身願	여자몸을 아주벗고
문명지과원 聞名至果願	불명듣고 과보얻고
천인경례원 天人敬禮願	천인들이 경례하고

수의수념원 須衣隨念願	생각따라 옷을입고
재생심정원 纔生心淨願	마음들이 깨끗하여
수현불찰원 樹現佛刹願	나무마다 부처로세
무제근결원 無諸根缺願	육근문을 구족하고
현증등지원 現證等持願	현생에서 등지얻고
문생호귀원 聞生豪貴願	듣는이는 호귀하고
구족선근원 具足善根願	착한근을 구족하며
공불견고원 供佛堅固願	불공심이 견고하고
욕문자문원 欲聞自聞願	듣고픈일 마음대로
보리무퇴원 菩提無退願	깨닫는맘 한결같아
현획인지원 現獲忍地願	인지를— 얻어지다

제불보살십종대은
諸佛菩薩十種大恩

발심보피은 發心普被恩	깨닫는맘 널리편은
난행고행은 難行苦行恩	어려운일 실천한은

일향위타은 一向爲他恩	한결같이 이익준은
수형육도은 隨形六途恩	모양따라 나투신은
수축중생은 隨逐衆生恩	중생심을 따라준은
대비심중은 大悲深重恩	대비로서 구제한은
은승창열은 隱勝彰劣恩	어리석음 깨쳐준은
위실시권은 爲實示權恩	방편으로 나투신은
시멸생선은 示滅生善恩	죽음으로 보인선은
비렴무진은 悲念無盡恩	가엾은맘 끝없는은

보현보살십종대원
普賢菩薩十種大願

예경제불원 禮敬諸佛願	부처님께 예경하고
칭찬여래원 稱讚如來願	여래들을 칭찬하고
광수공양원 廣修供養願	널리닦아 공양하고
참제업장원 懺除業障願	나쁜업장 참회하고
수희공덕원 隨喜功德願	공덕을— 즐겨딸코

청전법륜원   전법륜을
請轉法輪願   간청하고

청불주세원   오래살기
請佛住世願   권청하고

상수불학원   부처따라
常隨佛學願   법배우고

항순중생원   중생따라
恒順衆生願   제도하고

보개회향원   함께회향
普皆廻向願   하여지다

석가여래팔상성도
釋迦如來八相成道

도솔내의상   도솔천서
兜率來儀相   내려오서

비람강생상   룸비니서
毘藍降生相   탄생하고

사문유관상   궁중네문
四門遊觀相   구경하고

유성출가상   성을넘어
踰城出家相   출가하여

설산수도상   설산에서
雪山修道相   수도하여

수하항마상   마군중을
樹下降魔相   항복받고

녹원전법상   녹야원서
鹿苑轉法相   법전하고

쌍림열반상   쌍림에서
雙林涅槃相   열반했네

다생부모십종대은
多生父母十種大恩

회탐수호은 懷耽守護恩	태에실어 보호한은
임산수고은 臨産受苦恩	해산할때 고통한은
생자망우은 生子忘憂恩	아기낳고 안심한은
연고토감은 咽苦吐甘恩	쓴것먹고 단것준은
회간취습은 廻乾就濕恩	젖은자리 갈아준은
유포양육은 乳哺養育恩	젖먹여서 양육한은
세탁부정은 洗濯不淨恩	똥오줌을 가려준은
원행억념은 遠行憶念恩	먼길간후 근심한은
위조악업은 爲造惡業恩	자식위해 죄를진은
구경연민은 究竟憐愍恩	한결같이 사랑한은

오종대은명심불망
五種大恩銘心不忘

각안기소국왕지은 各安其所國王之恩	곳곳마다 편안하게 살림살이 국왕의은
생양구로부모지은 生養劬勞父母之恩	나서길러 사람만든 부모님의 크신은혜

유통정법사장지은   바른법을 유통하여
流通正法師長之恩   대대전한 스승의은

사사공양단월지은   음식의복 와구탕약
四事供養檀越之恩   베풀어준 시주은혜

탁마상성붕우지은   서로쪼고 가르쳐서
琢磨相成朋友之恩   인격형성 붕우의은

당가위보유차염불   이큰은혜 갚으려면
當可爲報唯此念佛   염불함이 제일이라

고성염불십종공덕
高聲念佛十種功德

일자공덕능배수면   일자공덕
一者功德能排睡眠   능배수면

이자공덕천마경포   이자공덕
二者功德天魔驚怖   천마경포

삼자공덕성변시방   삼자공덕
三者功德聲邊十方   성변시방

사자공덕삼도식고   사자공덕
四者功德三途息苦   삼도식고

오자공덕외성불입   오자공덕
五者功德外聲不入   외성불입

육자공덕념심불산   육자공덕
六者功德念心不散   염심불산

칠자공덕용맹정진   칠자공덕
七者功德勇猛精進   용맹정진

팔자공덕제불환희   팔자공덕
八者功德諸佛歡喜   제불환희

구자공덕삼매현전   구자공덕
九者功德三昧現前   삼매현전

십자공덕왕생정토
十者功德往生淨土

십자공덕
왕생정토

청산첩첩미타굴
靑山疊疊彌陀屈

깊고깊은 푸른산은
아미타불 전당이요

창해망망적멸궁
滄海茫茫寂滅宮

넓고넓은 푸른바다
부처님의 궁전일세

물물염래무가애
物物拈來無罣碍

물과물을 잡아옴에
걸림없이 대한다면

기간송정학두홍
幾看松亭鶴頭紅

푸른숲— 정자에서
붉은학을 보리로다

극락당전만월용
極樂堂前滿月容

극락세계 아미타불
십오둥근 달빛이요

옥호금색조허공
玉毫金色照虛空

백호금빛 찬란한몸
우주비쳐 끝이없네

약인일념칭명호
若人一念稱名號

누구든지 일념으로
그이름을 부르면은

경각원성무량공
頃刻圓成無量功

잠깐사이 깨달아서
무량공을 이룬다네

삼계유여급정륜
三界猶如汲井輪

삼계고해 윤회하기
물도르레 돌듯하며

백천만겁역미진
百千萬劫歷微塵

백겁천겁 수만겁을
끝이없이 돌고도네

차신불향금생도
此身不向今生度

이생에서 이몸으로
성불하지 못한다면

갱대하생도차신
更待何生度此身

어느때를 기다려서
이몸제도 하오리까

천상천하무여불
天上天下無如佛

하늘이나 땅에서나
오직홀로 높으신이

시방세계역무비　　　　시방세계 다보아도
十方世界亦無比　　　　비교할자 바이없네

세간소유아진견　　　　일체세간 모든것을
世間所有我盡見　　　　남김없이 살펴봐도

일체무유여불자　　　　우리부처 세존만큼
一切無有如佛者　　　　거룩한이 없으시네

찰진심념가수지　　　　온세계의 티끌들을
刹塵心念可數知　　　　남김없이 헤아알고

대해중수가음진　　　　바다속의 많은물을
大海中水可飮盡　　　　남김없이 다마시고

허공가량풍가계　　　　허공세계 가늠하고
虛空可量風可繫　　　　부는바람 묶은자도

무능진설불공덕　　　　부처님의 공덕만은
無能盡說佛功德　　　　다말하지 못한다네

가사정대경진겁　　　　가사경을 높이이고
假使頂戴經塵劫　　　　티끌겁을 경유하고

신위상좌변삼천　　　　이몸으로 법상지어
身爲牀座徧三千　　　　대천세계 다덮어도

약불전법도중생　　　　부처님법 전치않고
若不傳法度衆生　　　　중생제도 아니하면

필경무능보은자　　　　어떻게도 부처님은
畢竟無能報恩者　　　　갚을길이 없다네-

아차보현수승행　　　　내가이제 보현보살
我此普賢殊勝行　　　　거룩하신 행원으로

무변승복개회향　　　　가이없고 끝이없는
無邊勝福皆回向　　　　드높은복 회향하고

보원침익제중생　　　　고통에든 모든중생
普願沈溺諸衆生　　　　빠짐없이 구제하여

속왕무량광불찰 速往無量光佛刹	아미타불 극락국토 속회왕생 하고지고
아미타불재하방 阿彌陀佛在何方	아미타— 부처님이 어느곳에 계신가를
착득심두절막망 着得心頭切莫忘	마음속에 꼭붙들어 잊지말고 생각하되
염도념궁무념처 念到念窮無念處	생각생각 지극하여 무념처에 이르러면
육문상방자금광 六門常放紫金光	눈귀코혀 몸뜻에서 자금광을 발한다네
보화비진료망연 報化非眞了妄緣	보신화신 부처님은 진짜부처 아니시고
법신청정광무변 法身淸淨廣無邊	법신만이 청정하여 영원무궁 하느니라
천강유수천강월 千江有水千江月	천강에— 물있으면 천강에— 달이뜨고
만리무운만리천 萬里無雲萬里天	만리에— 구름없으면 만리가 하늘이네
원공법계제중생 願共法界諸衆生	원하노니 법계있는 모든중생 중생들이
동입미타대원해 同入彌陀大願海	모두함께 아미타불 대원해에 들어가서
진미래제도중생 盡未來際度衆生	미래제가 다하도록 무량중생 제도하여
자타일시성불도 自他一時成佛道	너나없이 모두같이 함께성불 하여지다
나무서방정토 극락세계 삼 南無西方淨土 極樂世界 三	서방정토 극락세계

십육만억 일십일만 구천오 　　　삼십육만억
十六萬億　一十一萬　九千五 　　　일십일만

백 동명동호 　　　　　　　　　　　구천오백
百　同名同號 　　　　　　　　　　　동명동호

대자대비 아미타불 　　　　　　　　대자대비 아미타—
大慈大悲　阿彌陀佛 　　　　　　　부처님께 귀의합니다.

나무서방정토 극락세계 불 　　　　서방정토 극락세계
南無西方淨土　極樂世界　佛 　　　거룩하신 아미타불

신장광 상호무변 금색광명 　　　　삼십이상
身長廣　相好無邊　金色光明 　　　팔십종호

변조법계 사십팔원 도탈중 　　　　금색광명 널리비처
遍照法界　四十八願　度脫衆 　　　사십팔원 원력으로

생 불가설 불가설전 불가설 　　　　법계중생
生　不可說　不可說轉　不可說 　　제도하는

항하사 불찰미진수 도마죽 　　　　티끌같은
恒河沙　佛刹微塵數　稻麻竹 　　　부처님들

위 무한극수 삼백육십만억 　　　　도마죽위 무한극수
葦　無限極數　三百六十萬億 　　　삼백육십만억

일십일만 구천오백 동명동 　　　　일십일만 구천오백
一十一萬　九千五百　同名同 　　　동명동호

호 대자대비 아등도사 금색 　　　　대자대비
號　大慈大悲　我等導師　金色 　　저희 도사이신 황금빛 여래

여래 아미타불 　　　　　　　　　　아미타 부처님께
如來　阿彌陀佛 　　　　　　　　　귀의합니다.

나무무견정상상 　　　　　　　　　무견정장상
南無無見頂上相

나무아미타불 　　　　　　　　　　아미타 부처님께
南無阿彌陀佛 　　　　　　　　　　귀의합니다.

나무정상육계상
南無頂上肉髻相

아미타불
阿彌陀佛

나무발감유리상
南無髮紺琉璃相

아미타불
阿彌陀佛

나무미간백호상
南無眉間白毫相

아미타불
阿彌陀佛

나무미세수양상
南無眉細垂楊相

아미타불
阿彌陀佛

나무안목청정상
南無眼目淸淨相

아미타불
阿彌陀佛

나무이문제성상
南無耳聞諸聖相

아미타불
阿彌陀佛

나무비고원직상
南無鼻高圓直相

아미타불
阿彌陀佛

정상육계상
아미타
부처님께
귀의합니다.

발감유리상
아미타
부처님께
귀의합니다.

미간백호상
아미타
부처님께
귀의합니다.

미세수양상
아미타
부처님께
귀의합니다.

안목청정상
아미타
부처님께
귀의합니다.

이문제성상
아미타
부처님께
귀의합니다.

비고원직상
아미타
부처님께
귀의합니다.

나무설대법라상 南無舌大法螺相	설대법라상 아미타
아미타불 阿彌陀佛	부처님께 귀의합니다.
나무신색진금상 南無身色眞金相	신색진금상 아미타
아미타불 阿彌陀佛	부처님께 귀의합니다.
나무문수보살 南無文殊菩薩	문수보살님께 귀의합니다.
나무보현보살 南無普賢菩薩	보현보살님께 귀의합니다.
나무관세음보살 南無觀世音菩薩	관세음보살님께 귀의합니다.
나무대세지보살 南無大勢至菩薩	대세지보살님께 귀의합니다.
나무금강장보살 南無金剛藏菩薩	금강장보살님께 귀의합니다.
나무제장애보살 南無除障碍菩薩	제장애보살님께 귀의합니다.
나무미륵보살 南無彌勒菩薩	미륵보살님께 귀의합니다.
나무지장보살 南無地藏菩薩	지장보살님께 귀의합니다.
나무일체청정대해중 南無一切淸淨大海衆	일체청정대해중 보살님과
보살마하살 菩薩摩訶薩	모든 큰 보살님께 귀의합니다.

원공법계제중생 願共法界諸衆生	원하오니 법계중생 모두함께 극락가서
동입미타대원해 同入彌陀大願海	아미타불 대원해에 들어가기 원합니다.
시방삼세불 十方三世佛	시방삼세 부처님중
아미타제일 阿彌陀第一	제일가는 아미타불
구품도중생 九品度衆生	구품으로 중생제도
위덕무궁극 威德無窮極	위덕또한 무극하네
아금대귀의 我今大歸依	내가이제 귀의하여
참회삼업죄 懺悔三業罪	삼업죄를 참회하고
범유제복선 凡有諸福善	모든복과 선행모아
지심용회향 至心用廻向	지심으로 회향하니
원동염불인 願同念佛人	염불하는 모든사람
진생극락국 盡生極樂國	모두함께 극락가서
견불료생사 見佛了生死	부처뵙고 생사마쳐
여불도일체 如佛度一切	중생제도 같이하리

원아임욕명종시   내가이제 목숨다해
願我臨欲命終時   이세상을 하직하면

진제일체제장애   모든장애 남김없이
盡除一切諸障碍   씻은듯이 없어지고

면견피불아미타   아미타불 극락국토
面見彼佛阿彌陀   왕생하여 친히뵙고

직득생생안락찰   한량없는 명과복을
卽得往生安樂刹   끝이없이 누려지다

원이차공덕   원컨대—
願以此功德   이공덕이

보급어일체   널리일체
普及於一切   두루미쳐

아등여중생   나와또한
我等與衆生   모든중생

당생극락국   극락세계
當生極樂國   태어나서

동견무량수   아미타불
同見無量壽   친히뵙고

개공성불도   함께성불
皆共成佛道   하여지다

원왕생 원왕생   극락가기 원합니다
願往生 願往生   극락가기 원합니다

원생극락견미타   극락가서
願生極樂見彌陀   미타뵙고

획몽마정수기별   수기받기
獲蒙摩頂受記別   원합니다

원왕생 원왕생   극락가기 원합니다
願往生 願往生   극락가기 원합니다

원재미타회중좌 願在彌陀會中坐	극락가서 꽃향으로
수집향화상공양 手執香華常供養	공양하기 원합니다
원왕생 원왕생 願往生 願往生	극락가기 원합니다 극락가기 원합니다
원생화장연화계 願生華藏蓮華界	극락가서 연꽃속에
자타일시성불도 自他一時成佛道	성불하기 원합니다

(3) 정토업(淨土業)

무량수불설왕생정토주
無量壽佛說往生淨土呪

나무 아미다바야 다타가다야 다디야타 아미리 도바비아미
南無 阿彌多婆夜 多他加多夜 多地夜他 阿彌利 都婆毘阿彌

리다 싯담바비 아미리다 비가란제 아미리다 비가란다가미
利多 悉耽婆毘 阿彌利多 毘迦蘭帝 阿彌利多 毘迦蘭多伽彌

니 가가나 깃다가례 사바하
尼 伽伽那 枳多伽隸 娑婆訶

결정왕생 정토진언
決定往生 淨土眞言

나무 사만다 못다남 옴 아마리 다바폐 사바하
南無 三滿多 沒多喃 唵 阿摩里 怛婆弊 婆訶

상품상생진언
上品上生眞言

옴 마리다리 훔훔바탁 사바하
唵 摩里多里 吽吽 發吒 莎訶

아미타불본심미묘 진언
阿彌陀佛本心微妙 眞言

다냐타 옴 아리다라 사바하
但也陀 唵 我里多羅 莎訶

아미타불심중심주
阿彌陀佛心中心呪

옴 노계새바라 라아하릭
唵 路計濕縛羅 羅薏訖里

무량수여래심주
無量壽如來心呪

옴 아마리다 제체 하라 훔
唵 阿密栗多 帝際 賀羅 吽

무량수여래 근본다라니
無量壽如來 根本陀羅尼

나모라 다나다라 야야 나막알야 아미 다바야 다타아다야
曩謨羅 但羅多羅 夜野 那莫阿栗野 阿彌 多婆耶 但他我多夜

알하제 삼먁삼못다야 다냐타 옴 아마리제 아마리도 나바베
謁賀帝 三藐三沒多耶 但也他 唵 阿密栗帝 阿密栗妬 納婆吠

아마리다 삼바베 아마리다 알베 아마리다 싯제 아마리다
阿密栗多 三婆吠 阿密栗多 謁吠 阿密栗多 悉帝 阿密里多

제체 아마리다 미가란제 아마리다 미가란다 아미니 아마리
帝際 阿密里多 尾乞蘭帝 阿密栗多 尾乞蘭多 我尾乞 阿密里

다 아아야 나비가례 아마리다 낭노비 사바례 살발타 사다
多 我我野 曩比迦隷 阿密里多 能勞鼻 娑縛隷 薩縛他 娑多

니 살바갈마 가로삭사 염가례 사바하
尼 薩縛羯摩 迦路捨乞灑 念迦隷 娑縛訶

답살무죄진언
踏殺無罪眞言

옴 이제리니 사바하
唵 尼帝里尼 娑縛訶

해원결진언
解寃結眞言

옴 삼다라 가닥 사바하
唵 三多羅 加多 娑縛訶

발보리심진언
發菩提心眞言

옴 모지짓다 못다 바나야 믹
唵 母地卽多 沒但 縛那野 弭

보시주은진언
報施主恩眞言

옴 아리야 승하 사바하
唵 我里耶 僧訶 娑縛訶

보부모은중진언
報父母恩重眞言

옴 아아나 사바하
唵 我我那 娑縛訶

선망부모 왕생정토진언
先亡父母 往生淨土眞言

나모 삼만다 못나남 옴 숫제유리사바하
那謨 三滿多 沒多南 唵 述帝律里娑婆訶

문수보살법인능소정업주
文殊菩薩法印能消定業呪

옴 바계타 나막 사바하
唵 婆戒陀 那莫 娑縛訶

보현보살멸죄주
普賢菩薩滅罪呪

지바닥 비니바닥 오소바닥 카혜 카혜
支波啄 毘尼波啄 嗚蘇波啄 佉惠 佉惠

관세음보살멸업장진언
觀世音菩薩滅業障眞言

옴 아로륵계 사바하
唵 阿盧勒繼 娑縛訶

지장보살멸정업진언
地藏菩薩滅定業眞言

옴 바리 마리다니 사바하
唵 婆羅 摩里多尼 娑縛訶

대원성취진언
大願成就眞言

옴 아모카 살바다라 사다야 시베 훔
唵 阿慕伽 薩婆怛羅 舍陀野 始弊 吽

보궐진언
補闕眞言

옴 호로호로 사야모케 사바하
唵 虎魯虎魯 娑野慕契 娑縛訶

보회향진언
普回向眞言

옴 사마라 사마라 미만나 사라마하 자가라바 훔
唵 娑摩羅 娑摩羅 彌滿摩 娑羅摩訶 左乞羅縛 吽

계수서방안락찰 稽首西方安樂刹	서방정토 극락세계 접인중생 하옵시는
접인중생대도사 接引衆生大導師	아미타— 부처님께 머리숙여 예배하며
아금발원원왕생 我今發願願往生	내가이제 극락가기 지성으로 발원하니
유원자비애섭수 唯願慈悲哀攝受	자비하신 원력으로 굽어살펴 주옵소서
고아일심귀명정례 故我一心歸命頂隷	한맘함께 기울여서 머리숙여 절합니다

(4) 정근(精勤)

정근은 지장정근 하나를 그 예로 들어보면 다음과 같다.

나무 유명교주 지장보살 南無 幽冥教主 地藏菩薩	한마음 함께 기울여서 유명교주 지장보살님께 귀의합니다. (절)
나무 남방화주 지장보살 南無 南方化主 地藏菩薩	한마음 함께 기울여서 남방화주 지장보살님께 귀의합니다. (절)
나무 대원본존 지장보살 南無 大願本尊 地藏菩薩	한마음 함께 기울여서 대원본존 지장보살님께 귀의합니다. (절)

나무 남방 화주 세계 대원
南無 南方 化主 世界 大願

본존 지장보살 지장보살 (계속해서하다가)
本尊 地藏菩薩 地藏菩薩

지장보살 멸정업진언
地藏菩薩 滅定業眞言

옴 바라마리 다니 사바하
唵 婆羅摩里 多尼 娑婆訶

지장대성위신력	지장대성
地藏大聖威神力	위신력은
항하사겁설난진	말로는다
恒河沙劫說難盡	할수없네
견문첨례일념간	잠깐보고
見聞瞻禮一念間	듣는것도
이익인천무량사	한량없는
利益人天無量事	공덕있으니
고아일심 귀명정례 (반절)	한마음 함께 기울여서
故我一心 歸命頂禮	머리숙여 절합니다.
원멸사생육도	원컨데—
願滅四生六途	사생육도
법계유정다겁생래죄업장	법계의— 유정들이
法界有情多劫生來罪業障	다겁생래 지은업을
아금참회계수례	모든참회 하오면서
我今懺悔稽首禮	머리숙여 절하오니
원죄제장실소재	모든죄장 소멸하고
願罪諸障悉消除	태어나는 곳곳마다
세세상행보살도	어느때나 보살도를
世世常行菩薩道	닦게하여 주옵소서
원이차공덕	원컨대—
願以此功德	이공덕이
보급어일체	널리일체
普及於一切	두루하여

아등여중생 我等與衆生	나와또한 모든중생
당생극락국 當生極樂國	극락세계 태어나서
동견무량수 同見無量壽	아미타불 친회뵙고
개공성불도(반절) 皆共成佛道	함께성불 하여지다

(5) 백팔참회(百八懺悔)

백팔참회문은 아침예불문 끝에 있다.

(6) 참회발원문(懺悔發願文)

　거룩하신 부처님, 자비의 문을 열고 구원의 실상을 밝혀 주옵소서. 극락과 지옥이 본래 없는 것이오나 중생들이 스스로 짓고 받는 인과의 법칙을 깨닫지 못하여 험악한 악몽에 사로잡혀 갈길 몰라 헤매나이다. 고뇌에 억눌린 업보에 무거운 짐을 벗고 희망에 가득찬 구원의 밝은 빛을 찾아 슬기로운 부처님 품안으로 돌아가옵나니 감응 하시옵소서.

　지금 저희들이 원하는 모든 일이 다 이룩되게 하시옵고 신·구·의 삼업으로 다시 또 나쁜 업을 짓지 않게 하옵소서. 복덕과 지혜 다 갖추신 부처님. 바라옵건대 이 공덕으로 멀리 있거나 가까이 있거나 모든 중생 모든 불자들에게 행복과 평화와 보은이 있게 하옵소서.

　나무석가모니불
　나무석가모니불
　나무시아본사석가모니불(반배)

제 3 편　각단예불문(各壇禮佛)

1. 극락전(極樂殿)

지심귀명례　극락도사　아미타 여래불(절)
至心歸命禮　極樂導師　阿彌陀 如來佛

한마음 함께
기울여서
극락도사 아미타부처님께
예배합니다. (절)

지심귀명례　좌우보처　관음세지양대보살(절)
至心歸命禮　左右補處　觀音勢至兩大菩薩

한마음 함께
기울여서
관음세지양대보살님께
예배합니다. (절)

지심귀명례　일체청정　대해중 보살마하살(절)
至心歸命禮　一切淸淨　大海衆 菩薩摩訶薩

한마음 함께
기울여서
일체청정대해중 보살님께
예배합니다. (절)

무량광중화불다
無量光中化佛多

빛가운데
화신불을

앙첨개시아미타
仰瞻皆是阿彌陀

모두보니
아미타불

응신각정황금상
應身各挺黃金相

몸몸마다
황금상에

보계도선벽옥라　　　　　　　　　　벽옥같은 보계상을
寶髻都旋碧玉螺　　　　　　　　　　나투셨으므로

고아일심귀명정례(반절)　　　　　　머리숙여
故我一心歸命頂禮　　　　　　　　　절합니다.

2. 팔상전(八相殿)

지심귀명례　영산불멸　학수　　　　한마음 함께 기울여서
至心歸命禮　靈山不滅　鶴樹　　　　영상불멸학수쌍존

쌍존 시아본사 서가모니불(절)　　　시아본사 석가모니부처님께
雙存 是我本師 釋迦牟尼佛　　　　　예배합니다. (절)

지심귀명례　좌보처　제단윤　　　　한마음 함께 기울여서
至心歸命禮　左補處　際斷輪　　　　좌보처 제단윤회

회 제화가라보살(절)　　　　　　　　제화가라보살님께
廻 提華竭羅菩薩　　　　　　　　　　예배합니다. (절)

지심귀명례　우보처　삼회용　　　　한마음 함께 기울여서
至心歸命禮　右補處　三會龍　　　　우보처 삼회용화

화 자씨미륵보살(절)　　　　　　　　자씨미륵 보살님께
華 慈氏彌勒菩薩　　　　　　　　　　예배합니다. (절)

진묵겁전조성불　　　　　　　　　　진묵겁전
塵墨劫前早成佛　　　　　　　　　　성불하고

위도중생현세간　　　　　　　　　　중생위해
爲度衆生現世間　　　　　　　　　　나투신몸

외외덕상월륜만　　　　　　　　　　달빛같은
巍巍德相月輪滿　　　　　　　　　　덕상으로

어삼계중작도사　　　　　　　　　　삼계도사
於三界中作導師　　　　　　　　　　되셨으므로

고아일심귀명정례 (반절)   머리숙여
故我一心歸命頂禮   절합니다.

3. 약사전(藥師殿)

지심귀명례　동방만월세계   한마음 함께
至心歸命禮　東方滿月世界   기울여서
십이상원　약사유리광　여래   십이상원
十二上願　藥師琉璃光　如來   약사유리광
불 (절)   부처님께
佛   예배합니다. (절)

지심귀명례　좌보처　일광변   한마음 함께 기울여서
至心歸命禮　左補處　日光遍   좌보처 일광변조
조 소재보살 (절)   보살님께
照 消災菩薩   예배합니다. (절)

지심귀명례　우보처　월광변   한마음 함께 기울여서
至心歸命禮　右補處　月光遍   우보처 월광변조
조 식재보살 (절)   보살님께
照 息災菩薩   예배합니다. (절)

십이대원접군기   열두가지 서원으로
十二大願接群機   중생제도 하시는님
일편비심무공결   대자대비 어여쁜맘
一片悲心無空缺   헛된일이 없습니다
범부전도병근심   망상전도 범부들이
凡夫顚倒病根深   깊은병에 걸렸으나

불우약사죄난멸
不遇藥師罪難滅

약사부처 만나뵙고
어려운죄 멸하므로

고아일심귀명정례(반절)
故我一心歸命頂禮

머리숙여
절합니다.

4. 용화전(龍華殿)

지심귀명례 현거도솔 당강
至心歸命禮 現居兜率 當降
용화 자씨미륵존 여래불(절)
龍華 慈氏彌勒尊 如來佛

한마음 함께 기울여서
용화세계 미륵존
부처님께
예배합니다.(절)

지심귀명례 복연증승 수량
至心歸命禮 福緣增勝 壽量
무궁 자씨미륵존 여래불(절)
無窮 慈氏彌勒尊 如來佛

한마음 함께 기울여서
복덕을 구족하신
미륵존 부처님께
예배합니다.(절)

지심귀명례 원력장엄자비광
至心歸命禮 願力莊嚴慈悲廣
대 자씨미륵존 여래불(절)
大 慈氏彌勒尊 如來佛

한마음 함께 기울여서
원력을 장엄하신
미륵존 부처님께
예배합니다.(절)

고거도솔허제반
高擧兜率許蹄攀
원사용화조우난
遠嗣龍華遭遇難
백옥호휘현법계
白玉毫輝玄法界

도솔천에
계신부처
용화세계
만나고자
미간백호
밝은빛이

자금의상화진환　　　　자금처럼
紫金依相化塵寰　　　　빛나므로
고아일심귀명정례 (반절)　머리숙여
故我一心歸命頂禮　　　절합니다.

5. 대장전(大藏殿)

지심귀명례　시방삼세　제망　　한마음 함께 기울여서
至心歸命禮　十方三世　帝網　　시방삼세
찰해　상주일체　불타야중 (절)　항상계신
刹海　常住一切　佛陀耶衆　　　부처님께 예배합니다. (절)

지심귀명례　시방삼세　제망　　한마음 함께 기울여서
至心歸命禮　十方三世　帝網　　시방삼세
찰해　상주일체　달마야중 (절)　항상계신
刹海　常住一切　達磨耶衆　　　달마님께 예배합니다. (절)

지심귀명례　시방삼세　제망　　한마음 함께 기울여서
至心歸命禮　十方三世　帝網　　시방삼세
찰해　상주일체　승가야중 (절)　항상계신
刹海　常住一切　僧伽耶衆　　　승가님께 예배합니다. (절)

불신보변시방중　　　　시방세계
佛身普遍十方中　　　　가득한불
삼세여래일체동　　　　삼세여래
三世如來一體同　　　　같습니다
광대원운항부진　　　　넓고크고
廣大願雲恒不盡　　　　끝없는원

왕양각해묘난궁 깊고깊은 깨달은맘
汪洋覺海渺難窮 헤아릴수 없으므로

고아일심귀명정례(반절) 머리숙여
故我一心歸命頂禮 절합니다.

6. 관음전(觀音殿)

지심귀명례 대자대비 관세 한마음 함께
至心歸命禮 大慈大悲 觀世 기울여서
음보살(절) 대자대비 관세음보살님께
音菩薩 예배합니다.

지심귀명례 좌보처 한마음 함께
至心歸命禮 左補處 기울여서
남순동자 좌보처 남순동자님께
南巡童子 예배합니다.

지심귀명례 우보처 한마음 함께
至心歸命禮 右補處 기울여서
해상용왕(절) 우보처 해상용왕님께
海上龍王 예배합니다.

일엽홍련재해중 바다위의
一葉紅蓮在海中 붉은연꽃

벽파심처현신통 깊은파도
碧波深處現神通 나투신몸

작야보타관자재 어제밤엔
昨夜寶陀觀自在 보타산에

금일강부도량중   오늘에는 도량중에
今日降赴道場中   오셨으므로

고아일심귀명정례(반절)   머리숙여
故我一心歸命頂禮   절합니다.

7. 나한전(羅漢殿)

지심귀명례 영산교주 시아   한마음 함께 기울여서
至心歸命禮 靈山敎主 是我   영산교주

본사 석가모니불(절)   석가모니
本師 釋迦牟尼佛   부처님께 예배합니다.

지심귀명례 좌우보처 양대   한마음 함께
至心歸命禮 左右補處 兩大   기울여서

보살(절)   좌보처 양대보살님께
菩薩   예배합니다.

지심귀명례 십륙대아라한   한마음 함께 기울여서
至心歸命禮 十六大阿羅漢   십륙아라한

감재직부 제위사자중등(절)   감재직부사자님께
監齋直符 諸位使者等衆   예배합니다.

청련좌상월여생   푸른연꽃
靑蓮座上月如生   달빛같은

삼천계주석가존   삼천계주
三千界主釋迦尊   석가세존

자감궁중성약렬   하늘위의
紫紺宮中星若列   별빛처럼

십륙대아라한중   둘러계신
十六大阿羅漢衆   나한님께

고아일심귀명정례(반절)   머리숙여
故我一心歸命頂禮   절합니다.

8. 명부전(冥府殿)

(1) 지장단(地藏壇)

지심귀명례 지장원찬 이십   한마음 함께 기울여서
至心歸命禮 地藏願讚 二十   지장원찬

삼존 제위여래불(절)   이십삼존
三尊 諸位如來佛   모든 부처님께 예배합니다.

지심귀명례 유명교주 지장   한마음 함께 기울여서
至心歸命禮 幽冥敎主 地藏   유명교주

보살마하살(절)   지장보살님께
菩薩摩訶薩   예배합니다.

지심귀명례 좌우보처 도명   한마음 함께 기울여서
至心歸命禮 左右補處 道明   좌우보처

존자 무독귀왕(절)   도명존자 무독귀왕님께
尊者 無毒鬼王   예배합니다.

지장대성위신력   지장대성
地藏大聖威神力   위신력은

항하사겁설난진   말로는다
恒河沙劫說難盡   못합니다.

견문첨례일념간
見聞瞻禮一念間
이익인천무량사
利益人天無量事
고아일심귀명정례(반절)
故我一心歸命頂禮

잠깐보고
듣기만해도
한량없는
공덕이 있으므로
머리숙여
절합니다.

(2) 시왕단(十王壇)

지심귀명례 풍도대제 명부
至心歸命禮 酆都大帝 冥府
시왕중(절)
十王衆

한마음 함께
기울여서
풍도대제 명부시왕중께
예배합니다.

지심귀명례 태산부군 판관
至心歸命禮 泰山府君 判官
귀왕중(절)
鬼王衆

한마음 함께
기울여서
태산부군 판관귀왕들께
예배합니다.

지심귀명례 장군동자 사자
至心歸命禮 將軍童子 使者
졸이아방등중(절)
卒吏阿旁等衆

한마음 함께
기울여서
장군동자 사자졸이아방들께
예배합니다.

제성자풍수불호
諸聖慈風誰不好
명왕원해최난궁
冥王願海最難窮
오통신속유란측
五通迅速尤難測

풍체좋은
성자들과
명왕들의 원력바다
생각하기 어렵습니다.
5신통을
구족하여

명찰인간순식중   선악인간 살피는 일
明察人間瞬息中   순간이므로
고아일심귀명정례(반절)   머리숙여
故我一心歸命頂禮   절합니다.

9. 산왕단(山王壇)

지심귀명례 만덕고승 성개   한마음 함께
至心歸命禮 萬德高勝 性皆   기울여서
한적 산왕대신(절)   만덕고승 성개한적
閑寂 山王大神   산왕대신님께 예배드립니다.

지심귀명례 차산국내 항주   한마음 함께
至心歸命禮 此山局內 恒住   기울여서
대성 산왕대신(절)   차산국내 항주대성
大聖 山王大神   산왕대신님께 예배드립니다.

지심귀명례 시방법계 지령   한마음 함께
至心歸命禮 十方法界 至靈   기울여서
지성 산왕대신(절)   시방법계 지령지성
至誠 山王大神   산왕대신님께 예배드립니다.

영산석일여래촉   옛날옛적 영축산에
靈山昔日如來囑   부처님께 부촉받고
위진강산도중생   강과산을 위진하고
威振江山度衆生   중생들을 구하고저
만리백운청장리   푸른하늘 흰구름속
萬里白雲青嶂裡   한가하게 학을타고

운거학가임한정 雲車鶴駕任閑情	만리길을 한결같이 왕래자재 하시므로
고아일심귀명정례(반절) 故我一心歸命頂禮	머리숙여 절합니다.

10. 조왕단(竈王壇)

지심귀명례 팔만사천 조왕 至心歸命禮 八萬四千 竈王 대신(절) 大神	한마음 함께 기울여서 팔만사천 조왕대신들께 예배합니다.
지심귀명례 좌보처 담시역 至心歸命禮 左補處 擔柴力 사(절) 士	한마음 함께 기울여서 좌보처 담시역사님께 예배합니다.
지심귀명례 우보처 조식취 至心歸命禮 右補處 造食炊 모(절) 母	한마음 함께 기울여서 우보처 조식취모님께 예배합니다.
향적주중상출납 香積廚中常出納	항상주방 출입하며 불법옹호 하시면서
호지불법역최마 護持佛法亦摧魔	마군들을 항복받고 인간들의 원을따라
인간유원내성축 人間有願來誠祝	왕래자재 하시면서 중생병고 살피시며

제병소재강복다   온갖재앙 소멸하고
除病消災降福多   많은복덕 내리므로

고아일심귀명정례(반절)   머리숙여
故我一心歸命頂禮   절합니다.

11. 칠성단(七星壇)

지심귀명례 금륜보계 치성   한마음 함께 기울여서
至心歸命禮 金輪寶界 熾盛   금륜보계
광여래불(절)   치성광여래불께
光如來佛   예배합니다.

지심귀명례 좌우보처 일월   한마음 함께 기울여서
至心歸命禮 左右補處 日月   좌우보처 일월광
광양대보살(절)   양대보살님께
光兩大菩薩   예배합니다.

지심귀명례 북두대성 칠원   한마음 함께 기울여서
至心歸命禮 北斗大星 七元   북두대성
성군주천열요제성군중(절)   칠원성군주천열요제성군주님께
星君周天列曜諸星君衆   예배합니다.

자미대제통성군   온갖별을
紫微大帝統星君   통솔하는

십이궁중태을신   자미대제
十二宮中太乙神   태을공신

칠정제림위성주   칠정삼태
七政齊臨爲聖主   함께비춰

삼태공조작현신	성주위해
三台共照作賢臣	일하므로
고아일심귀명정례(반절)	머리숙여
故我一心歸命頂禮	절합니다.

12. 독성단(獨聖壇)

지심귀명례 천태산상 독수	한마음 함께
至心歸命禮 天台山上 獨修	기울여서
선정 나반존자(절)	천태산상 독수선정
禪定 那畔尊者	나반존자님께 예배합니다.
지심귀명례 천상인간 응공	한마음 함께
至心歸命禮 天上人間 應供	기울여서
복전 나반존자(절)	천상인간 응공복전
福田 那畔尊者	나반존자님께 예배합니다.
지심귀명례 불입열반 대사	한마음 함께
至心歸命禮 不入涅槃 待竢	기울여서
용화 나반존자(절)	불입열반 대사용화
龍華 那畔尊者	나반존자님께 예배합니다.
나반신통세소희	희귀하신
那畔神通世所稀	나반신통
행장현화임시위	인연따라
行藏現化任施爲	베풀면서
송암은적경천겁	흔적없이
松巖隱跡經千劫	바위속에

생계잠형입사유
生界潛形入四維

천겁만겁
사시므로

고아일심귀명정례(반절)
故我一心歸命頂禮

머리숙여
절합니다.

13. 현왕단(現王壇)

지심귀명례 명간회주 보현
至心歸命禮 冥間會主 普賢
왕여래불(절)
王如來佛

한마음 함께
기울여서
명간회주 보현왕여래불께
예배합니다.

지심귀명례 좌우보처 대륜
至心歸命禮 左右補處 大輪
성왕 전륜성왕(절)
聖王 轉輪聖王

한마음 함께
기울여서
좌우보처 대륜성왕
전륜성왕님께 예배합니다.

지심귀명례 판관녹사제위사
至心歸命禮 判官錄事諸位使
자 각병권속(절)
者 各並眷屬

한마음 함께
기울여서
판관녹사제위사자들께
예배합니다.

세존차일기염라
世尊此日記閻羅

세존께서
수기받은

불구당래증불타
不久當來證佛陀

장래부처
염라대왕

장엄보국항청정
莊嚴寶國恒清淨

보살수행
많이하여

보살수행중심다   청정국토
菩薩修行衆甚多   이루므로
고아일심귀명정례(반절)   머리숙여
故我一心歸命頂禮   절합니다.

삼귀의(三歸依)

귀의불양족존
歸依佛兩足尊

거룩한 부처님께
귀의합니다.

귀의법이욕존
歸依法離欲尊

거룩한 가르침에
귀의합니다.

귀의승중중존
歸依僧衆中尊

거룩한 스님들께
귀의합니다.

사홍서원(四弘誓願)

중생무변서원도
衆生無邊誓願度

중생을 다
건지오리다.

번뇌무진서원단
煩惱無盡誓願斷

번뇌를 다
끊으오리다.

법문무량서원학
法問無量誓願學

법문을 다
배우오리다.

불도무상서원성
佛道無上誓願成

불도를 다
이루오리다.

보왕삼매론(寶王三昧論)

① 몸에 병없기를 바라지 말라. 몸에 병이 없으면 탐욕이 생기기 쉽나니, 그래서 성인이 말씀하시기를 "병고로써 양약을 삼으라"고 하셨느니라.

② 세상살이에 곤란없기를 바라지 말라. 세상살이에 곤란이 없으면 제 잘난 체 하는 마음과 사치한 마음이 생기나니, 그래서 성인이 말씀하시기를 "근심과 곤란으로써 세상을 살아가라" 하셨느니라.

③ 공부하는 데 마음에 장애 없기를 바라지 말라. 마음에 장애가 없으면 배우는 것이 넘치나니, 그래서 성인이 말씀하시기를 "장애 속에서 해탈을 얻으라"고 하셨느니라.

④ 수행하는 데 마(魔) 없기를 바라지 말라. 수행하는 데 마가 없으면 서원이 굳건하지 못하니, 그래서 성인이 말씀하시기를 "모든 마군으로써 수행을 도와주는 벗을 삼으라"고 하셨느니라.

⑤ 일을 계획하되 쉽게 되기를 바라지 말라. 일이 쉽게 풀리면 뜻이 경솔해지기 쉽나니, 그래서 성인이 말씀하시기를 "많은 세월을 두고 성취하라"고 하셨느니라.

⑥ 친구를 사귀되 내가 이롭기를 바라지 말라. 내가 이롭고자 하면 의를 상하게 되나니, 그래서 성인이 말씀하시기를 "순결로써 사귐을 깊게 하라"고 하셨느니라.

⑦ 남이 내 뜻대로 순종해 주기를 바라지 말라. 남이 내 뜻대로 순종해 주면 마음이 스스로 교만해 지나니, 그래서 성인이 말씀하시기를 "내 뜻에 맞지 않는 사람들로 무리를 이루라"고 하셨느니라.

⑧ 공덕을 베풀 때에는 과보를 바라지 말라. 과보를 바라게 되면 불순한 생각이 움트나니, 그래서 성인이 말씀하시기를 "덕 베푼 것을 헌 신처럼 버리라"고 하셨느니라.

⑨ 이익을 분에 넘치게 바라지 말라. 이익이 분에 넘치면 어리석은 마음이 생기기 쉽나니, 그래서 성인이 말씀하시기를 "적은 이익으로써 부자가 되라"고 하셨느니라.

⑩ 억울함을 당할지라도 굳이 변명하려고 하지 말라. 억울함을 변명하다 보면 원망하는 마음을 돕게 되나니, 그래서 성인이 말씀하시기를 "억울함을 당하는 것으로 수행의 문을 삼으라"고 하셨느니라.

[판권
  소유]

아침·저녁 예불문

2010년 5월 25일 인쇄
2010년 5월 31일 발행

발행인 / 불교의식편찬위원회
발행처 / 불교통신교육원
저 자 / 한 정 섭
인 쇄 / 이 화 문 화 사

발행처 / 477-810 경기도 가평군 외서면 대성리 산 185번지
전화 : (031) 584-0657
등록번호 76. 10. 20 경기 제 6 호

총판 / 130-011 서울시 동대문구 청량리 1동 51-14
전화 : (02) 962-1666

값 10,000원